삶을 변화시키는 소울 카페
A CUP OF ESPRESSO AT THE SOUL CAFE

삶을 변화시키는 소울 카페
A CUP OF ESPRESSO AT THE SOUL CAFE

유재덕 지음

베드로서원

프롤로그

아름답고 잔잔한 울림이 있는 이야기

　언젠가 아름다운 이야기에 매료된 적이 있습니다. 이야기를 읽고 일일이 수집하는 게 큰 기쁨이었습니다. 그리고 가끔은 그것들 가운데 마음에 드는 것만 따로 모아서 책으로 꾸미기도 했습니다. 우연한 기회에 글을 읽은 이들을 만나면, 그들은 내게 고마움을 전했습니다. 아름다운 글이 사랑하는 이들을 변화시켜주었다고들 했습니다.

　어느 정도 시간이 흘렀지만 아름다운 이야기를 대하는 즐거움은 지금도 여전합니다. 읽으면, 마음에 무엇인가 가득 들어차는 느낌을 갖게 만듭니다. 그리고 각박한 세상을 견뎌내고 변화시킬 수 있는 그런 힘을 얻게 됩니다.

16세기 종교 개혁자들은 교회를 '말하는 집'이라고 불렀습니다. 교회에서는 일상에서 쉽게 접할 수 없는 이야기들을 마음껏 들을 수 있었기 때문입니다. 사람들은 교회에서 이야기를 듣고 공감하며, 웃고 울었습니다.

이야기보다는 영상이 압도하는 시대이지만, 그럼에도 불구하고 아름다운 이야기가 전하는 감동은 여전합니다. 이미 누군가 경험한 이야기를 전해 듣는 것만으로도 용기와 희망을 발견하게 됩니다. 문제는, 우리들이 그런 이야기의 능력을 쉽게 받아들이지 못하는 것입니다.

아름답고 잔잔한 울림이 있는 이야기들을 취향에 맞추어서 다시 쓰고, 나름의 생각과 그림을 추가했습니다. 그리 길지 않은 이야기들이지만, 진한 커피 향을 머금은 에스프레소를 마시듯 가까이 두고서 날마다 조금씩 읽고 묵상하는 데 사용되기를 기대합니다.

소울 카페에서 유재덕

CONTENTS

프롤로그

1부_깨어나는 영성

하루의 행복 10 | 선물 13 | 회개하라 15 | 시험 17

지식에 이르는 길 19 | 맛을 잃은 소금 21 | 용서하는 기도 23

깨어나는 영성 25 | 믿음의 힘 27 | 위험을 택하라 29

축복을 부르는 믿음 31 | 영광은 하나님께 33

숨길 수 없는 사랑 35 | 행복의 근원 37 | 성령이 이끄는 삶 39

사랑 41 | 하나님의 뜻을 파악하라 43 | 거룩한 욕심 45

최선을 다하는 삶 47 | 의심을 모르는 믿음 49

로웰 신드롬 51 | 진실을 보는 눈 53 | 무엇보다 귀한 것 55

겨자씨 같은 믿음 57 | 그리스도를 바라보라 59 | 용서하라 61

불면의 밤 63 | 지금 말하라 65 | 포기하지 마라 67

겸손 69 | 불의 밤 71 | 넝마와 종이 72

고통의 의미 74 | 숫자를 좋아하는 어른 76 | 남다른 기쁨 78

2부_ 영혼의 멘토

주님의 공장 82 | 진정한 사랑 84 | 모자이크 삶 86

전화 부스 88 | 가구 90 | 사랑의 임무 92

마음의 도끼 94 | 고난의 의미 96 | 습관의 힘 98

강력한 무기 100 | 불신의 이유 102 | 미래를 즐기라 104

염려 106 | 영혼의 만나 108 | 한번, 웃어주세요 110

말씀의 힘 112 | 먼저 하나님 나라를 구하라 114

그리스도의 지체 116 | 레인 메이커 118 | 성공의 조건 120
상상력을 제한하지 마라 122 | 행복의 원리 124
주님 편에 서라 126 | 메멘토 모리 128 | 습관의 힘 130
영혼의 멘토 132 | 소중한 평범함 135 | 선행의 유전 137
입조심 139 | 부르심 141 | 하나 됨 143 | 인생의 해안 145
세상을 사는 법 147 | 크지만 작은 분 149
희망하고, 또 희망하라 151 | 아버지의 믿음 153
미래를 바라보라 155 | 기적을 부르는 작은 행동 157

3부_ 행복하세요?

인정하라 162 | 궁극적 관심 164 | 요나의 후예들 166
일의 기쁨, 그리고 슬픔 168 | 몸으로 하는 설교 170
믿음을 파는 노인 172 | 도움이 필요하다 174 | 길은 만들어진다 176
영적 피난처 178 | 감사하라 180 | 말씀을 먹으라 182
지혜의 문, 겸손 184 | 요즘, 어떠세요? 186 | 위대함을 바라보라 188
대속의 은혜 190 | 한계는 없다 192 | 기도의 원리 194
과신하지 마라 197 | 나의 나 된 것은 199 | 동행 201
어찌할 수 없는 즐거움 203 | 함께 울어라 205 | 함께함의 영성 207
진정한 위로 209 | 협력하는 믿음 211 | 비난을 피하지 마라 213
장거리를 대비하라 215 | 시간이 문제 217 | 기독교를 변증하라 219
기회는 온다 221 | 꿈을 이루는 단계 223 | 행복하세요? 225
긍정하라 227 | 세상을 본받지 말라 229

A Cup of Espresso at the Soul Cafe

잠든 영성을 일깨우는 데는 많은 양의 시간이나 그리 대단한 노력이 필요한 것이 아닙니다. 그저 주님이 일러주신 기도를 읊조리는 것만으로도 전혀 부족함이 없습니다

PART *1*
깨어나는 영성

 하루의 행복

　　　　　　　　　매 순간 설렘 속에서 살아가는 이들이 있습니다. 그들에게 있어서 하루하루는 감사이자 벅찬 감격입니다. 어느 책에 소개된, 팔순을 훌쩍 넘긴 노인은 이렇게 말합니다.

"하루가 시작될 때면 나는 또 한 번의 새로운 날, 또 한 번의 새로운 시도, 또 한 번의 새로운 시작에 대한 기대로 가슴이 두근거린다. 마술과 같은 일이 오늘 아침 너머 어디에선가 나를 기다리고 있을지 모르기 때문이다."

아흔아홉 살 노인 역시 세상에서 가장 기쁜 일이 무엇이냐는 질문에 이렇게 대답했습니다.

"지금 당신과 대화를 나누는 것이 내게는 가장 큰 기쁨입니다. 바로 지금 이 순간 일어나고 있는 일이니까요."

말기 암을 이겨내고 현재 연기자와 극작가로 활동하는 에반 핸들러(Evan Handler)를 아시나요? 미국 드라마를 좋아하는 사람이라면 아마 익숙한 이름일 것입니다. 그의 생각 역시 다르지 않습니다.

"치과에서 치료를 받을 때 치아를 가는 드릴 소리를 듣는 것이 나에게는 가장 큰 기쁨입니다. 그것은 내가 살아있다는 증거이기 때문입니다. 나는 삶이 나에게 가져다주는 모든 것을 경험하고 싶습니다."

시간은 하나님이 우리에게 허락하신 가장 귀한 선물입니다. 쉼 없이 흐르는 시간의 흐름 속에서 어떤 일을 겪게 될지 그 누구도 장담할 수 없습니다. 그러므로 우리는 매 순간 시간이라는 선물을 주신 주님께 감사하며 주님과 동행해야 합니다. 흘러가는 시간은 결코 역전이 불가능합니다(엡 5:16).

 선물

베들레헴에서 라틴어 성경을 번역한 예로니모(Jerome)가 기도할 때 예수님께서 아기 모습으로 나타나셨습니다. 예로니모는 감격해서 말했습니다.

"사랑하는 주님, 마음을 다해 선물을 드리고 싶습니다. 당신이 가장 기뻐하는 것이 무엇인지 말씀하소서."

아기 예수님은 미소를 지으며 대답했습니다.

"하늘과 땅의 모든 것이 다 나의 것이다. 너는 내게 무엇을 줄 수 있느냐?"

"수도자라 많지는 않지만, 당신을 사랑하기에 제 모든 소유를 드리고 싶습니다."

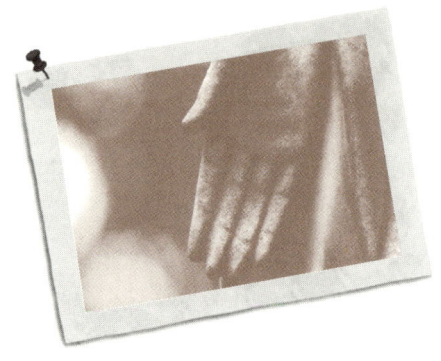

"내게는 돈이 필요 없으니 가난한 사람에게 주어라."
하지만 그는 고집을 피웠습니다.
"빈손으로 돌아가시게 할 수는 없습니다. 무엇을 드리면 받으시겠습니까?"
그러자 아기 예수님은 엄숙한 표정으로 말했습니다.
"내 가슴을 기쁨으로 가득 채우는 선물을 하려면 네 모든 죄와 욕망을 다오. 나는 그것들을 위해서 다시 십자가에서 죽겠다. 이외에 내게 기쁨을 주는 선물은 없단다."

하나님과의 관계에서 거짓과 죄악을 행할 수 없습니다(요일 1:6). 하나님은 거룩한 분입니다. 우리 주님은 거짓과 죄악을 위해서 십자가를 지셨습니다. 아직도 해결되지 않은 우리의 죄와 모든 욕망을 주님께 드려야 합니다.

 # 회개하라

어느 목사님이 잠을 자다 갑자기 깨어났습니다. 시계를 보니 새벽 2시 22분을 가리키고 있었습니다. 그 때, 주님이 말하였습니다.

"네 안에 쓴 뿌리가 있구나. 왜 용서하지 않느냐."

그는 아무리 생각해도 용서하지 않은 사람이 떠오르지 않았습니다. 주님이 다시 말했습니다.

"너는 히틀러를 용서하지 못하고 있지 않느냐."

"그렇지만 주님, 히틀러는 이미 죽었습니다."

주님이 다시 말하였습니다.

"그래, 알고 있다. 하지만 네 마음에서는 죽지 않았구나."

주님의 말에 목사님은 자신이 히틀러를 얼마나 많이 조롱거리로 만들며 놀려댔는지 떠올렸습니다. 그는 히틀러를 실제로 만나 본 적이 없었지만, 수백만 명의 유대인들을 무참히 살해한 그를 무척이나 증오해서 기회가 있을 때마다 비웃었습니다. 잠시 생각에 잠긴 목사님이 입을 열었습니다.

"그렇습니다, 주님. 이제는 용서하겠습니다."

회개는 슬프고 미안한 감정의 경계를 넘어서는 마음의 총체적 변화를 가리킵니다. 회개했다는 것은 근본적인 동기와 방향이 완전히 바뀌었다는 뜻입니다. 마음 한 구석에 회개하지 않은 무엇이 여전히 남아 있다면, 그 무슨 언어를 구사해도 설득력이 없습니다. 마음에 쓴 뿌리를 남기지 말고 용서하고, 또 용서받는 하루가 되어야 합니다(마 6:14).

시험

마귀가 리비아 사막을 건너다가 자신의 부하들이 경건한 수도자를 괴롭히는 장면을 우연히 목격했습니다. 수도자는 온갖 유혹을 너무나 간단하게 물리치고 있었습니다. 부하들의 실패를 지켜보던 마귀가 한 수 가르쳐 줄 요량으로 나서서 말했습니다.

"너희들이 시도하는 방법은 지나치게 순진하다. 내가 하는 것을 지금부터 잘 지켜보고 그대로 하도록 해라."

그러고 나서 마귀는 수도자의 귀에 속삭였습니다.

"네 형이 지금 막 알렉산드리아의 감독(주교, bishop)이 되었다."

그러자 평온하던 그의 얼굴이 일그러졌습니다. 질투는 몇 해에 걸친 수도생활마저 무기력하게 만들어버렸습니다.

마귀가 부하들에게 말했습니다.

"내가 너희에게 권하고 싶은 방법이 바로 이것이다."

시험을 받는 것 자체가 죄악은 아닙니다. 우리의 연약함 때문에 시험은 늘 반복됩니다. 예수님도 하나님의 사역을 감당하기에 앞서 마귀의 시험을 받으셨습니다. 그렇지만 문제는, 시험을 이겨낼 수 있느냐 하는 것입니다. 말씀, 기도와 더불어 겸손은 시험을 넉넉히 물리칠 효과적인 도구가 될 수 있습니다(고전 10:13).

 지식에 이르는 길

아테네에 소크라테스를 헌신적으로 따르는 사내가 있었습니다. 그는 지식을 구할 수 있는 가장 좋은 방법이 무엇인지 스승에게 물었습니다. 소크라테스는 말없이 사내를 데리고 강으로 가서 갑자기 깊은 물 속으로 밀어 넣었습니다. 그는 어떻게든 물 밖으로 나오려고 했지만 소크라테스의 손이 가만히 놔두지 않았습니다. 온갖 노력 끝에 사내는 겨우 빠져 나올 수 있었습니다. 소크라테스가 사내에게 물었습니다.

"물 속에 있을 때 무엇이 가장 필요하더냐?"

사내는 그때까지도 가쁘게 숨을 몰아쉬면서 대답했습니다.

"숨을 쉬는 데 필요한 공기였습니다!"

소크라테스는 빙그레 미소지으며 말했습니다.

"네가 만일 공기처럼 지식을 원하기만 한다면 곧 그것을 갖게 될 것이다."

하나님의 의를 사모하는 것 역시 이와 별반 다르지 않습니다. 생명을 유지하려면 무엇보다 공기가 필요합니다. 물에 빠진 사람이 공기를 바라는 것처럼 우리는 하나님의 의를 간절히 소망해야 합니다. 사막의 생물이 언제 내릴지 모를 비를 무작정 기다리는 것처럼 우리는 하나님의 의에 목말라 해야 합니다(마 5:6). 그렇게 의에 주리고 목마를 때 하나님은 거룩한 배고픔과 목마름을 넉넉히 채워주십니다.

맛을 잃은 소금

선교사들이 인도의 위대한 지도자 마하트마 간디를 방문했습니다. 늘 사람 좋은 미소를 띠우는 간디가 그들을 반갑게 맞아주었습니다. 마치 오랜 벗을 만나는 것처럼 따뜻한 분위기 속에서 차를 마시며 이야기를 나누는 동안 선교사들이 궁금한 듯 간디에게 물었습니다.

"선생님은 인도에서 기독교가 활동하는 데 가장 큰 장애가 무엇이라고 생각하십니까?"

그러자 간디는 깊숙이 주름이 잡히는 웃음을 지으면서 대답했습니다.

"물론 그리스도인들이지요."

짠맛을 잃은 소금을 상상하기는 쉽지 않습니다. 우리가 늘 먹는 소금은 염전에서 나오는 것이기 때문입니다. 그런데 바위에서 캐내는, 성경에 소개된 소금(암염)은 짠맛을 잃기도 했습니다. 쓸모없는 소금은 미끄럼 방지용으로 성전 바닥에 뿌렸습니다. 바닥에 뿌려진 소금은 더 이상 소금일 수 없었습니다.

그리스도에게 장애가 되는 이들은 짠맛을 잃고 길바닥에 뿌려지는 소금과 다르지 않습니다. 우리 모두는 그리스도의 소금입니다.

오늘, 우리는 처한 곳에서 그리스도의 짠맛을 지켜내야 합니다(눅 14:34).

 용서하는 기도

정신과 전문의 로버트 콜즈(Robert Coles)가 어느 흑인 소녀의 일화를 '크리스채너티 투데이'에 소개한 적이 있습니다.

연방 판사가 초등학교에서 인종차별을 금지하는 판결을 내린 1960년, 당시 윌리엄 프랜츠 초등학교에는 6살배기 러비 브릿지라는 유일한 흑인 소녀가 있었습니다. 아이가 학교를 드나들 때마다 사람들은 교문 밖에서 고함을 지르며 욕설은 물론이고 죽이겠다는 말까지 서슴지 않았습니다.

하루는 연방 군인들의 보호를 받으며 군중 사이를 지나던 아이의 입술이 움직이는 게 담임교사의 눈에 띄었습니다. 교사의 이야기를 들은 콜즈는 아이에게 무슨 말을 한 것인지 물었습니다. 그러자 아이는 그들을 위해 그냥 기도했을 뿐이라고 대답했습니다. 콜즈는 다시 물었습니다.

"어째서 그랬지?"

"그 사람들에게는 기도가 필요했거든요."

혼자 힘으로는 거스르기 어려울 만큼 맹목적으로 주변 소리가 클 때가 있습니다. 그럴 때 맞고함을 치기보다는 잠시 뒤로 물러나는 게 좋습니다. 그리고 그들을 위해 기도해야 합니다(눅 6:28). 기도를 드리는 입술의 움직임이 아무리 작더라도 그것을 지켜보는 눈과 귀는 반드시 있기 마련입니다.

 깨어나는 영성

우리 모두에게는 기본적으로 영성이 내재합니다. 하지만 잠든 영성은 느낄 수 없습니다. 언제라도 우리의 영혼에 불티가 떨어지면, 순식간에 불길이 치솟고 내재된 영성이 깨어납니다. 고대 영국 켈트족의 후예이자 빼어난 시인이었던 에드윈 뮤어(Edwin Muir)는 자서전에 자신의 영성이 깨어나던 순간을 이렇게 소개합니다.

> 지난 밤, 혼자 침대에 들다가 절박함과 혼란스런 마음이 두드러진 음성으로 주기도문을 거듭 암송하는 나 자신을 발견하고는 깜짝 놀랐다. 계속 암송하는 사이에 공허하고 갈

급한 마음이 채워진 것처럼 영혼이 안정되었다. 낱말 하나하나가 이상할 정도로 풍부한 의미로 다가옴에 놀라고 기뻤다. 늦은 밤이라 졸음이 몰려왔지만 옷을 대충 걸친 채 방 한 가운데 서서 주기도문을 외우는 동안 끊임없이 솟아나는 새로운 의미가 주는 즐거운 놀라움에 그만 압도되었다.

잠든 영성을 일깨우는 데는 많은 양의 시간이나 그리 대단한 노력이 필요한 것이 아닙니다. 그저 주님이 일러주신 기도를 읊조리는 것만으로도 전혀 부족함이 없습니다(눅 11:2-4).

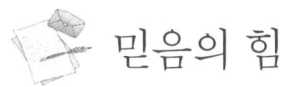 믿음의 힘

로마의 총독이 신학자 유스티누스에게 물었습니다.

"일반인들은 소위 말씀의 사람들이라고 하는 당신들을 지혜의 소유자들로 믿고 있소. 만약 당신이 지금 형벌을 받고 처형된다면 하늘나라에 갈 수 있다고 믿고 있소?"

"내가 이 모든 것을 참고 견뎌내면 그곳에서 살게 되리라는 것을 굳게 믿고 있습니다. 내 마음은 이런 확신으로 가득 차 있습니다."

총독이 그를 다시 위협했습니다. 그러나 그의 대답은 여전했습니다.

"우리의 열렬한 소망은 주 예수 그리스도를 위하여 고난당하고, 그리고 구원받는 것입니다."

2세기 그리스도인들은 영광과 고난을 함께 겪었습니다. 박해는 극심했습니다. 뛰어난 신학자 유스티누스도 아우렐리우스 황제 때 순교를 당했습니다. 기독교가 급속히 로마제국 전체에 번졌지만, 그리스도인들은 황제를 숭배해야만 종교의 자유를 허락하는 당국의 정책을 수용할 수 없었습니다. 화형장과 야수들이 대기하는 콜로세움에서 그리스도인들은 온몸으로 믿음을 지켜냈습니다.

우리는 초대 그리스도인들이 겪은 박해를 잊고 지냅니다. 그러나 우리는 "그리스도인들의 피는 장차 추수할 씨앗이다"라는 테르툴리아누스의 말처럼 그들이 흘린 피 덕분에 오늘 우리가 있음을 기억해야 합니다(요 12:24).

 위험을 택하라

존 에프 케네디는 자신의 할아버지 피츠제럴드의 이야기를 즐겨했다고 합니다. 케네디의 할아버지가 소년 시절에 친구들과 함께 학교에서 집까지 걸어다니던 길에는 조약돌로 만든 높은 담장들이 있었습니다. 담이 꽤 높았기 때문에 소년들은 담을 오르고 싶었지만 다칠까봐 엄두를 내지 못했습니다. 하루는 하교 길에 피츠제럴드가 자기 모자를 벗어서 담 안으로 날렸습니다. 모자는 높은 담장을 넘어갔기 때문에 혼이 나든지 아니면 담을 넘어가서 찾아오는 수밖에 없었습니다.

마태는 세리였습니다. 로마 당국은 세가를 미리 결정하고서 그 징수권을 최고 입찰자에게 경매했습니다. 그 입찰권을 가진 사람은 연말에 정해진 금액만 납입하면 나머지는 어느 정도 착복할 수 있었습니다. 그런 사람들이 세리였습니다. 일반인들은 세리를 한편으로는 경멸하고 다른 한편으로는 두려워했습니다.

마태가 세관에 있을 때 그곳을 지나던 예수님이 제자로 부르셨습니다(마 9:9). 안정적인 생활과 넉넉한 수입을 포기해야 하는 결정적인 순간이었습니다. 마태는 결국 위험을 감수하고 예수님을 따라나섰습니다.

우리에게도 이러한 용기가 필요하거나 결단해야 할 일이 있지는 않습니까?

축복을 부르는 믿음

중국 양주에서 선교에 전념하는 허드슨 테일러(Hudson Taylor)에게 예상치 못한 어려움이 닥쳤습니다. 양주 지역 관리와 학자들이 거짓 소문을 퍼뜨렸습니다. 외국 선교사들이 아이를 잡아먹고 임산부를 이용해서 약을 만든다는 것이었습니다. 그때부터 선교사들의 집에는 돌이 날아들고, 비난하는 글이 여기저기에 나붙었습니다. 소문은 더욱 증폭되어서 결국 폭력사태까지 발생했습니다. 많은 선교사들이 매를 맞고 목숨을 잃었습니다.

영국 정부가 양주 사태에 직접 개입했습니다. 사태는 바로 진정되었지만, 테일러가 이끄는 내지 선교회는 '군함을 앞세우는 선교회'라는 비난을 샀습니다. 덕분에 영국에서 보내오는 후원금이 완전히 끊겼습니다. 테일러는 변명하지 않고 오직 하나님께 기도했습니다. 그로부터 얼마 지나지 않아 조지 뮬러에게서 편지가 왔습니다. 그 안에는 2천 파운드의 수표가 들어있었습니다.

믿음은 복을 가져옵니다. 믿음으로 맹인이 눈을 뜨고, 믿음으로 귀신이 쫓겨나고, 믿음으로 벙어리가 말하게 됩니다. 오해가 극심하고 한치 앞이 보이지 않더라도 주님만 의지해야 합니다. 하나님의 복을 가져오는 가장 확실한 열쇠는 흔들림 없는 믿음입니다(합 2:4).

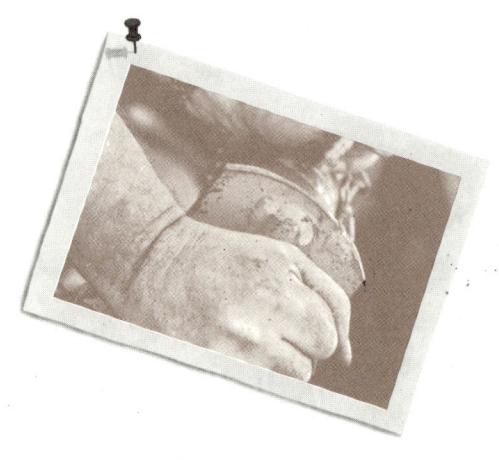

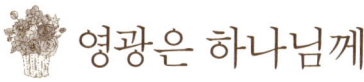 영광은 하나님께

성 요한 크리소스토무스의 생활 철학은 언제나 '모든 일에 있어서 영광은 하나님께'였습니다. 그는 유배지에서 쓴 편지도 언제나 이 말로 끝을 맺었습니다. 크리소스토무스는 겨울에 눈 위를 군인들에게 끌려 다니다가 길가에 있는 조그만 교회에서 죽음을 맞이했습니다. 차디찬 돌 마룻바닥에 누워 죽어가던 그의 마지막 말 역시 '모든 일에 있어서 영광은 하나님께'였습니다.

사나운 짐승의 밥이 되든지 아니면 그리스도를 부인하라는 양자택일의 기로에 선 폴리카르푸스는 이렇게 말했습니다.

"내가 그분의 종으로 지낸 86년 동안 그분은 한 번도 나에

게 잘못하신 일이 없었소. 그런데 어찌 나를 구해 주신 주님을 부인하는 말을 할 수 있겠소?"

그는 두 말 없이 순교의 길을 택했습니다.

그리스도인에게 늘 기쁨만 있는 것은 아닙니다. 예수님을 믿는다는 것 때문에 아무런 이유 없이 다른 이들의 미움을 살 때도 있습니다. 하지만 그렇다고 해서 당황할 필요는 없습니다. 이미 예수님이 말씀하셨고, 앞서 믿음을 실천한 이들이 겪은 일이기 때문입니다. 문제는 우리가 그것을 어느 정도나 견딜 수 있느냐 하는 것입니다. 그것까지 감사하고 끝까지 견딜 때 구원을 얻게 됩니다(약 1:12).

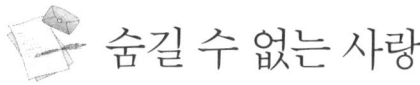 숨길 수 없는 사랑

종교개혁이 시작될 무렵 스위스의 바젤에 사는 마르땡은 진리를 깨달았습니다. 그는 예수님을 구세주로 영접했습니다. 더 이상 교회의 그릇된 가르침을 믿지 않는다는 사실이 주변에 드러나는 게 두려웠던 그는 양피지를 꺼내어 적었습니다. '오 자비로운 그리스도여, 오직 당신의 보혈로써 구원에 이름을 압니다. 거룩한 예수여, 당신을 사랑하나이다.' 그는 이 아름다운 글을 쓰자마자 침실 벽에서 돌을 하나 빼내어 그 뒤에 숨겼습니다. 양피지는 1백년이 지난 뒤에야 발견되었습니다.

비슷한 시기에 독일의 마틴 루터 역시 그리스도에 대한 진리를 발견했습니다. 마르땡과 다르게 그는 담대히 고백했습니다. '주님은 뭇 사람들 앞에서 나를 인정하셨다. 그러니 나도 군주들 앞에서 주님을 부인하지 않겠다!' 우리는 그 이후의 일을 잘 압니다. 루터의 공개적인 신앙고백이 일궈낸 일에 대해서는 누구나 한 번쯤 들어보았을 것입니다.

우리는 잠시 빛을 내다 사라지고 마는 혜성이 아니라 늘 같은 자리를 지키면서 스스로를 태우고 빛을 발하는 항성입니다. 그래서 주변이 어두우면 어두울수록 더욱 환한 빛을 냅니다. 매일의 삶에서 열매를 거두는 이들을 보면, 비록 손해를 보더라도 예수님에 대한 그 진한 사랑을 숨기려하지 않습니다(시 40:10).

 # 행복의 근원

레오 톨스토이는 작가로서 많은 이들의 사랑을 받으면서 충분히 명성을 누렸고, 명망 있는 인사들과도 친밀한 관계를 유지했습니다. 게다가 그는 너른 농토와 많은 농노를 거느린 채 사랑하는 아내와 자녀들과 함께 살았습니다. 그런데 행복이 절정에 달한 50대 초반에 우울증에 걸려 자살 충동이 떠나지 않았습니다. 그는 잠자리에 들 때면 침대시트나 수건처럼 목을 맬 수 있는 것이나 권총을 치워야 했습니다.

어느 날 톨스토이는 농노들이 힘든 일을 마치고 나서 하나님께 감사의 기도와 찬송을 드리는 것을 보게 되었습니다. 하나님을 믿고, 선행을 베풀고, 또 부지런히 몸을 움직여서 일하는 곳에 행복이 있음을 깨달은 톨스토이는 이후로 완전히 달라졌습니다. 하나님의 섭리를 주제로 글을 쓰고, 농노들에게 자신의 땅과 재산을 나누어주고 그들과 함께 기도하면서 진정한 행복을 되찾았습니다.

행복의 근원은 주 예수 그리스도입니다. 주님을 알기 이전까지는 그 어떤 영화를 누려도 진정한 행복에 도달하지 못합니다. 물질이 우리 삶의 진정한 목표가 될 수 없습니다. 쾌락도 마찬가지입니다. 주님에게 나아가서 모두 내려놓을 때 비로소 행복한 삶이 시작됩니다(요 16:24).

성령이 이끄는 삶

우리의 내적 삶은 성령님에 의해서 유지됩니다. 성령님이 내면에 일으키는 불꽃은 작아 보여도 결코 작지 않습니다. 소박해 보여도 강력합니다. 마음의 불꽃은 하나님에 대한 갈망을 불러일으킵니다. 그 갈망은 또다시 우리 입술에서 기도의 언어가 됩니다(유 1:20). 생명의 불꽃이 일지 않는 삶, 진정한 갈망이 필요한 영혼은 성령님을 의지해야 합니다.

개신교 수도사 로제는 1940년 프랑스 동부의 작은 마을 떼제에서 신앙공동체를 시작했습니다. 떼제는 예수 믿는 이들이 행동으로 직접 화해와 용서와 일치를 추구하는 공동체였습니다. 그런 공동체를 꾸리게 한 힘은 바로, 갈망을 주체하지 못한 로제의 기도였습니다.

> 성령님, 순간순간 당신을 의지하게 하소서.
> 우리는 종종 잊습니다.
> 당신이 우리 안에 계심을,
> 당신이 우리 안에서 기도하심을,
> 당신이 우리 안에서 사랑하심을.
> 당신이 우리 안에 계심은 신뢰이고,
> 그리고 늘 용서입니다.

 사랑

파프누티우스는 어느 희극 배우를 개종시키겠다는 일념으로 그 배우의 노예로 팔려갔습니다. 그가 배우를 회개시키는 데 무려 20년이 걸렸고, 배우는 회개하면서 그를 놓아주었습니다. 그런데 파프누티우스는 아주 가난한 과부의 어려움을 덜어주려고 자신을 노예로 팔아서 그 값을 그녀에게 전했습니다. 두 번째로 자유의 몸이 되었을 때 그는 겉옷 한 벌과 웃옷 한 벌, 그리고 성경을 받았습니다. 외투는 그가 맨 처음에 만나게 된 거지에게 주었고, 웃옷은 두 번째 거지에게 건넸습니다. 사람들은 그런 그를 이해하지 못했지만, 그에게는 오히려 그 일이 무척이나 쉬웠습니다. 그러고 나

서 생각했습니다.

"이 세상에 가난한 사람들이 이렇게 많은데 어찌 성경을 혼자서만 차지할 수 있는가?"

그는 그마저 팔아 가난한 사람들에게 나누어주었습니다. 그의 입에는 마른 빵과 물 이외에는 들어간 게 없었고, 성경 말씀 이외에는 나온 게 없었습니다.

주님의 가족은 혈연으로 맺어지지 않습니다. 하나님의 뜻대로 살아가는 사람이 주님의 형제가 되고 자매가 됩니다. 그 가족의 수를 늘리는 가장 좋은 방법, 즉 주님을 모르는 사람들로 하여금 하나님의 뜻대로 살게 하는 길은 사랑과 희생입니다(고전 9:18). 각박한 세상에서 주님은 파프누티우스와 같은 사람을 찾으십니다.

하나님의 뜻을 파악하라

　　　　　　　　　　수년간 적자를 내는 민간 철도가 있었습니다. 그 철도 구간은 이용자가 거의 없어서 선로는 녹슬고 잡초가 우거졌습니다. 운영자는 매입자를 수소문했습니다. 그러나 손해만 보는 철도를 인수하겠다고 선뜻 나서는 이가 없었습니다.

　하루는 광고를 본 어떤 사내가 사무실을 찾아왔습니다. 철도 운영자는 그에게 아주 헐값으로 그곳을 넘겼습니다. 그는 구입자가 어리석은 결정을 내린 사람이라고 비웃고 다녔습니다. 어찌 보면 그의 말이 맞았습니다. 그러나 그것은 한쪽만 바라본 생각이었다는 게 얼마 지나지 않아서 밝혀졌습니다. 철도를 구입한 사람은 선로와 장비를 모두 걷어내어 고철로 팔아버렸습니다. 그 가격은 예상 밖으로 많았습니다. 선로를 모두 걷어내자 그전까지는 철도 구간에 불과하던 곳이 수만 평의 토지로 탈바꿈했습니다. 인수 가격의 수천 배가 넘는 금액에 해당하는 토지였습니다.

헬렌 켈러(Helen Keller)는 주변에서 맹인으로 태어나는 것보다 불행한 일이 무엇이냐는 질문을 받은 적이 있습니다. 그러자 그녀가 답했습니다. "시력은 있되 비전이 없는 것이다." 시력과 청력이 좋은지의 여부는 중요하지 않습니다. 눈과 귀로써 사물 배후에 있는 하나님의 경륜과 섭리를 깨닫는 게 더 중요합니다(골 3:2).

 # 거룩한 욕심

어느 목회자 전문 잡지가 스펄전 부부의 독특한 행동을 소개한 적이 있습니다. 찰스 스펄전(Charles Spurgeon)과 아내는 자신들이 직접 기르는 닭들이 낳은 달걀은 절대 그냥 나누어주는 법이 없었다고 합니다. 언제나 그 값에 상응하는 만큼 돈을 받았습니다. 아무리 가까운 사이라고 해도 반드시 값을 치러야 했습니다. 때문에 어떤 이들은 스펄전 부부가 그저 돈에만 눈먼 욕심 많은 사람들이라고 수군거리기도 했습니다.

스펄전 부부는 묵묵히 비난을 감수했고, 그 사연은 스펄전 부인이 세상을 떠난 뒤에야 소상히 밝혀졌습니다. 달걀을 판매

한 대금은 모두 두 명의 늙은 과부를 돕는 데 충당되었습니다. 스펄전 부부는 자신들의 선행이 드러나는 것을 바라지 않았고, 그래서 세상의 오해도 기꺼이 감수했습니다.

가난한 일꾼이 보화를 찾았습니다. 그는 보화 때문에 가산을 털어서 그 밭을 사들였습니다(마 13:44). 하나님 나라의 기쁨을 발견한 사람도 이와 다르지 않습니다. '설교의 왕자'라는 애칭을 갖고 있던 스펄전이 부인과 오해를 무릅쓰고 달걀 선행을 계속한 것도 바로 그 때문이었습니다. 하나님 나라의 기쁨을 체험한 그들에게 다른 사람들의 비난은 문제될 게 없었습니다. 지금, 하나님 나라의 기쁨이 마음속에 가득하십니까?

최선을 다하는 삶

런던과 다소 거리가 있는 버밍엄 지역에 폭풍우가 몰아닥쳤습니다. 허드슨 테일러는 그곳 세븐 스트리트에 있는 학교에서 열리는 집회의 강사로 예정되어 있었습니다. 테일러가 길을 나서려 하자 모임을 주관한 사람이 폭풍우가 몰아치는 밤에 아무도 참석하지 않을 것이라고 만류했습니다. 테일러는 고집을 세웠습니다.

"그곳에 안내자만 있어도 가야 합니다."

집회 장소에는 열두 명이 안 되는 사람들이 모였지만, 그날 밤에 모두 하나님의 강력한 역사를 경험했습니다. 참석자 가운데 절반이 선교사가 되거나 자신의 자녀들을 선교사로 키워

냈고, 나머지 절반은 이후로 테일러가 세운 중국 내지선교회의 열렬한 후원자가 되었습니다.

인간적으로 볼 때는 사소한 일이라도 하나님은 간혹 그 때문에 놀라운 일을 성취하기도 하십니다. 여자와 아이를 빼고도 5천 명이나 되는 사람들을 배불리 먹인 이적도 출발은 떡 다섯 개와 물고기 두 마리였습니다(막 6:38). 만일 제자들이 양으로만 평가하고 그것들을 내놓지 않았다면 이적은 없었을 겁니다. 사소한 것, 작은 것일지라도 가볍게 여기지 않는 믿음이 큰일을 가능하게 합니다.

의심을 모르는 믿음

라오는 1966년에 힌두교의 성자로 선풍적인 인기를 누렸습니다. 그 노인은 자신이 물 위를 걸을 수 있다고 믿었습니다. 그는 자신의 영적 능력을 확신한 나머지 사람들이 보는 앞에서 직접 묘기를 선보이겠다고 선언했습니다. 그는 아주 비싼 값에 입장표를 팔았습니다. 인도에서 어느 정도 교육을 받았다고 하는 사람들은 그 장관을 보려고 모여들었습니다.

깊은 수영장을 갖춘 넓은 정원에서 그는 하얀 수염을 기르고 옷자락을 날리면서 잠시 멈춘 채 명상을 했습니다. 사람들 사이에 탄성이 흘렀습니다. 라오가 눈을 뜨고 하늘을 바라보더니 과감하게 수영장에 발을 내딛었습니다. 풍덩하는 소리와 함께 그가 물 속으로 사라졌습니다. 그는 얼굴이 벌게진 채 어떻게든 물 밖으로 빠져 나오려고 허우적거렸습니다. 겨우 빠져 나온 그가 손가락을 휘두르면서 불같이 화를 냈습니다.

"당신들 가운데 한 사람이 믿지 않았다니까."

풀장에 빠진 노인은 사전에 계산한 대로 다른 사람을 탓했습니다. 그런데 베드로는 자신이 문제였습니다. 예수님이 걸어오라고 말씀했으니 베드로가 물 위를 걷는 것은 당연한 일이었습니다(마 14:29-30). 그러나 바람을 본 그는 두려움 때문에 물에 빠지게 됐습니다. 우리에게 필요한 것은 주님만 바라보고 의심하지 않는 믿음입니다.

 로웰 신드롬

19세기 말 어느 천문학자가 화성에 운하가 있다고 확신했습니다. 태양계 연구로 이름난 퍼시벌 로웰(Percival Lowell) 역시 그 붉은 별에 빠져들었습니다. 그는 1877년 이탈리아 천문학자가 화성 표면을 가로지르는 직선들을 발견했다는 소식을 접하고서 애리조나에 있는 거대한 망원경으로 화성 운하를 지도로 작성하며 일생을 보냈습니다. 그가 보기에 화성의 운하는 인간보다 오래된 지적인 생명체가 생존한다는 증거였습니다. 로웰의 주장에 이의를 다는 사람이 없었습니다. 물론 지금은 탐사선의 활동으로 사실과 전혀 다르다는 게 밝혀졌습니다.

그가 황당한 주장을 하게 된 동기를 학자들은 두 가지로 분석합니다. 첫째, 화성의 운하를 보고 싶은 마음이 하도 강렬해서. 둘째, 그가 앓은 독특한 안구 질환 때문에 안구의 혈관이 운하로 비쳐져서. 그래서 그의 이름을 딴 '로웰 신드롬'이라는 병명까지 생겨났습니다.

로웰의 영향력은 컸습니다. 그 때문에 화성에 관한 연구가 늘어났고, 일반인들 사이에서는 화성인들의 침공이 임박했다고 주장하는 책자들이 날개 돋친 듯 팔려나갔습니다. 맹인이 맹인을 인도한 결과입니다(마 15:14). 점, 손금, 기, 관상도 자기 소원이 반영된 일종의 로웰 증후군입니다. 그것들을 의지하는 것은 맹인에게 자신의 운명을 맡기는 위험천만한 행동입니다.

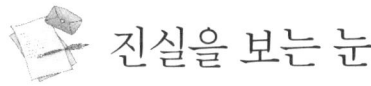 진실을 보는 눈

1930년대에 두 명의 위대한 이론 물리학자들이 세계여행 길에 나섰습니다. 노벨 물리학상을 받은 폴 디랙(Paul Dirac)과 독일의 물리학자 베르너 하이젠베르크(Werner Heisenberg)였습니다. 둘은 여행을 계속하다가 하와이 대학교를 방문했습니다. 물론, 그들은 사전에 대학 당국에 자신들의 여행이나 학교를 찾은 목적을 통고하지 않은 상태였습니다.

몇 달이 흐르고 난 뒤에 그 대학교의 총장이 그 뒷이야기를 소개했습니다.

"사내 두 명이 찾아와서는 자신들이 디랙과 하이젠베르크라고 소개를 하면서 강의를 하고 싶다는 거야. 하지만 내 눈에는 그렇게 보이지 않더라니까."

폴 디랙은 영국의 물리학자로서 새로운 원자 이론의 형식이라고 부르는 양자역학을 탄생시켰고, 하이젠베르크는 독일 출신 물리학자이며 26살의 나이에 라이프치히 대학교의 정교수가 된 중요한 인물이었습니다. 하와이 대학교 총장은 겉모습 때문에 진실을 외면했습니다. 토마스 아 켐피스는 자신의 책에서 조언합니다. "그런즉 눈에 보이는 것을 사랑하는 마음을 버리고, 눈에 보이지 않는 것을 사랑하라."(히 11:1)

무엇보다 귀한 것

세실 로즈(Cecil Rhodes)는 남아프리카의 정치와 경제가 발전하는 데 크게 기여했습니다. 그는 부유했고, 유명했고, 정치적으로도 영향력이 컸습니다. 어느 날 저녁 그는 우연히 구세군 창설자의 아들인 브람웰 부스와 함께 기차를 타게 되었습니다. 윌리엄 부스는 다음 칸에 타고 있었습니다. 로즈의 얼굴은 우울하고 어두웠습니다. 브람웰이 로즈 쪽으로 몸을 숙이며 물었습니다.

"선생님은 행복하세요?"

로즈는 의자에 달린 받침대를 잡으며 대답했습니다.

"행복하냐고? 내가, 행복하냐고? 아닐세!"

브람웰은 그 거물에게 진정한 행복을 발견할 수 있는 유일한 곳을 소개했습니다.

"그곳은 바로 십자가에 달리신 구세주의 발밑입니다. 우리가 죄에서 해방될 수 있는 유일한 곳입니다."

"맞네."

로즈가 조용히 입을 열었습니다. 그리고서 덧붙였습니다.

"다음 칸에 앉은 노인이 믿는 것을 믿는 일에 내 전부를 걸겠네!"

사람의 생명과 바꿀 수 있는 것은 이 세상에 아무 것도 없습니다(막 8:36). 천하보다 귀한 게 생명입니다. 물질을 얻고 생명을 잃어버리는 것처럼 어리석은 일도 없습니다. 물질은 행복을 보장하지 못합니다. 유리처럼 반짝이다 깨지고 말 따름입니다. 진정한 행복은 십자가 밑에 있습니다.

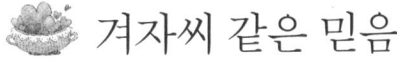 겨자씨 같은 믿음

깊은 믿음과 평온한 마음으로 사람들 사이에 이름이 널리 알려진 여인이 있었습니다. 그 비결을 배우고 싶어 하는 사람이 물었습니다.

"당신이 그렇게 믿음이 좋다는 분입니까?"

"아니오."

그녀가 대답했습니다.

"나는 위대하신 하나님께 대한 믿음을 아주 조금밖에 갖고 있지 못합니다."

겨자는 봄에 씨를 뿌려서 초가을에 마른 씨를 수확하는 한

해살이 작물입니다. 진노랑 꽃이 빽빽이 피는 겨자는 잎과 통통한 잎자루를 데쳐 먹기도 하는데, 온대지방에서 주로 자랍니다. 꽃이 시들고 가지에 녹색을 띠는 씨 꼬투리들이 많이 달리며 1.5~2미터까지 자랍니다. 겨자는 예로부터 값비싼 향신료로 사랑을 받았습니다.

　예수님은 우리의 믿음을 겨자씨에 비유하십니다. 겨자씨는 잘 알려지지 않은 비밀을 간직하고 있기 때문입니다. 겨자씨에는 배아의 생명을 유지할만한 영양분이 거의 없습니다. 때문에 겨자씨는 반드시 기름진 땅에 얇게 심어야 합니다. 그러면 겨자는 땅을 뚫고 떡잎을 내자마자 주변에서 재빠르게 영양분을 섭취해나갑니다. 주변의 기름진 토양, 습기, 그리고 햇빛이 겨자의 생명을 대신 지탱해주는 것입니다. 우리의 믿음도 그렇습니다.

　우리가 비록 작은 믿음을 가지고 있더라도 염려할 필요가 없습니다. 곧장 하나님의 능력을 의지할 수 있기 때문입니다(고전 2:5).

그리스도를 바라보라

아우구스티누스는 《고백록》에서 친구 알피우스를 소개합니다. 그는 그리스도인이 아니지만 로마인들이 즐기는 피투성이 서커스를 혐오했습니다. 하루는 몇몇 학생이 알피우스를 억지로 원형극장에 끌고 가서 검투사 시합을 보게 했습니다. 알피우스가 말했습니다.

"너희가 나를 끌고 간다고 해서 강제로 내 마음을 돌려놓거나 이 시합을 보게 만들 수 있을 것 같아?"

그러고 나서 그는 두 눈을 감고 고귀한 일들을 떠올렸습니다. 바로 그 순간 검투사의 희생자가 비명을 질렀습니다. 알피우스가 잠시 눈을 떴습니다. 그는 피를 보자마자 야만스러움에 빠져들었고, 고개를 돌리지 않고 두 눈을 고정한 채 정신없이 피가 튀는 싸움을 즐겼습니다.

주님은 말씀하십니다. "눈이 너를 범죄하게 하거든 빼어 버리라"(마 18:9). 이것을 중세 은둔자들처럼 문자적으로 해석하면 안 됩니다. 말씀의 본뜻은 이렇습니다. 내적인 삶을 정결히 하려면 문제가 되는 것을 뿌리 뽑아라. 빌리 그레이엄은 언젠가 "처음에는 어쩌다 볼 수 있지만, 두 번째는 거절할 수 있어야 한다"고 말했습니다. 영적인 삶에 도움이 되지 않는 것은 무엇이든지 시선을 돌려야 합니다. 그리고서 영혼의 시선을 예수님에게, 십자가에 고정해야 합니다. 덕분에 우리는 정결해집니다.

 용서하라

1983년 8월, 러셀 스탠달(Russell Standal)은 남미의 컬럼비아 밀림에서 게릴라에게 인질로 잡혔습니다. 그는 약 5개월 동안 원수를 사랑하고 용서하는 게 진짜 무엇인지 깨달았습니다. 그는 가족들에게 자신은 목숨을, 게릴라들은 영혼을 잃어버릴 위험에 처했다는 내용의 편지를 보냈습니다. 러셀은 마음을 열고 친절한 행동으로 그들과 친해졌습니다.

하루는 게릴라 지도자가 말했습니다.

"우리는 얼굴을 마주하고 당신을 죽일 수 없소. 당신을 좋아해서요. 그러니 당신이 잠든 사이에 죽일 것이오."

하나님은 러셀로 하여금 그들을 용서할 수 있도록 도우셨지만 이후로 열흘간 잠들 수 없었습니다. 예고 없이 모기장 안으로 총구가 들어오기도 했지만 방아쇠는 움직이지 않았습니다. 결국, 러셀은 1984년 1월 3일에 풀려났습니다. 그가 마지막으로 인사를 나누자 그를 억류하고 있던 게릴라들이 눈물을 흘렸습니다.

아픔을 준 사람을 용서하고 사랑하는 것은 결코 쉬운 일이 아닙니다. 입으로야 그보다 쉬울 게 없겠지만, 실제 행동은 그렇지 않습니다. 그렇지만 용서의 한계를 묻는 베드로에게 주님은 무한한 용서를 강조하셨습니다. 우리 역시 용서해야 합니다. 이미 주님에게서 철저한 사죄의 은총을 받았기 때문입니다 (요일 1:9).

 불면의 밤

　　　　　　　　　　영국 런던의 안락한 집에서 머물던 윌리엄 부스(William Booth)는 어느 날 밤 도무지 잠이 오지 않아서 가난한 사람들이 사는 곳을 돌아볼 생각을 하게 되었습니다. 그가 밤이 새도록 보고 맡았던 장면과 냄새는 이전에는 한 번도 경험하지 못한, 전혀 낯선 것들이었습니다.

　이른 아침이 되어서야 집으로 돌아온 그를 보자 부인 캐서린은 반쯤 정신을 놓았습니다. 그녀가 목소리를 높였습니다.

"도대체 어디를 다녀온 거예요?"

부스가 낮은 음성으로 대답했습니다.

"캐서린, 지옥에 다녀왔어! 지옥에 다녀왔다고!"

그리고 나서 자신이 목격한 것을 단숨에 털어놓았습니다. 덕분에 둘은 빵과 복음을 함께 나누어주는 구세군을 창설하게 되었습니다.

부스가 구세군을 시작한 것은 불면증 덕분이었습니다. 밤에 잠자리에 들지 못하던 윌리엄은 한밤중에 런던의 빈민지역을 돌아보다가 비로소 영국인들의 비참한 현실에 눈을 떴습니다. 육체의 가시(고후 12:7) 때문에 남모르는 고통을 겪을 수 있지만, 최종적인 결과는 모를 일입니다. 주님은 그것을 영적인 복의 계기로 활용하실 수 있기 때문입니다. 그런데 지금, 당신은 무엇 때문에 밤을 지새우시나요?

 지금 말하라

76세의 노인이 눈을 감은 아내를 막 떠나보내고 있었습니다. 노인은 아내의 관을 붙잡고 울부짖기 시작했습니다.

"여보, 나는 당신을 정말 사랑했소!"

"아버지, 그만 진정하세요. 다 이해해요. 이제 그만 눈물을 거두세요."

갑작스런 노인의 울음에 자식들과 손님들은 당황했습니다. 장례식이 진행되고 가족들이 고인의 관에 삽으로 흙을 뿌리려할 때 노인이 또다시 울부짖었습니다.

"여보, 나는 당신을 정말 사랑했소!"

자녀들이 말렸지만 노인은 막무가내였습니다.

"애들아, 나는 정말 네 어머니를 사랑했다."

장례식이 끝나고 사람들이 돌아가기 시작했지만, 노인은 돌아가지 않겠다고 고집을 부렸습니다. 목사님이 다가와서 노인의 슬픔을 충분히 이해할 수 있다고 말했습니다.

그러자 노인은 비통하게 말했습니다.

"목사님은 이해하지 못하십니다. 나는 정말 아내를 사랑했습니다! 그런데, 나는 아내가 살아 있는 동안 그 말을 한 번도 못했습니다."

사랑은 완성품이 아닙니다. 쉼 없이 성장하고 아름다운 완성을 지향하는 게 사랑입니다. 이런 사랑을 가능케 하는 것은 그리 특별한 게 아닙니다. "당신을 사랑한다!"는 말이면 충분합니다. 하나님이 짝지어 주신, 짝지어 주실 분신에게 지금 말하세요. "당신을 영원히 사랑합니다!"(창 2:23)

포기하지 마라

58세의 나이에 접어든 처칠의 말에 누구도 귀를 기울이지 않았습니다. 히틀러 정권에 대항해서 군사력을 기르지 않으면 안 된다는 말에 하원의원들은 고함을 지르고, 책상을 주먹으로 두드렸습니다. 이후로 7년 동안 그는 정치적으로 고립되어 영국 남부 켄트 주의 저택에서 외로운 나날을 보내야 했습니다. 하지만 그는 그 기간에도 빡빡하다 싶을 정도의 일정으로 자신을 단련해 나갔습니다.

1940년, 이미 예측한 것처럼 독일이 프랑스를 침공했을 때 처칠은 영국을 자기 말대로 변화시킬 수 있는 능력을 갖추고 있었습니다. 65세를 훌쩍 넘긴 뒤에야 처음으로 수상이 된 그는 공포에 떠는 국민에게 자신의 생각을 거침없이 털어놓았습니다.

"우리는 어떤 대가를 치러도 우리의 섬을 지킬 겁니다. 우리는 해변에서, 상륙지에서, 들과 거리와 산에서 싸울 겁니다. 우리는 결코 항복하지 않을 겁니다."

그는 2차 대전에서 승리해서 자신의 약속을 지켰습니다.

하나님은 포기하지 않는 사람을 외면하시지 않습니다. 다른 사람들의 평가는 그리 중요하지 않습니다. 해질 무렵까지 저잣거리를 떠나지 않고 끝까지 기다리던 품꾼이 포도원 주인의 부름을 받았듯이 포기하지 않는 믿음을 가질 때, 마침내 하나님은 복을 주십니다(마 20:7).

 겸손

슈바이처가 만년에 시카고 대학교를 방문했습니다. 헐렁한 검은 양복에 굽 높은 구두, 가늘고 짧은 넥타이를 매고 있었습니다. 사람들이 연주를 부탁했지만, 연주회를 갖기에는 손가락이 너무 녹슬었다고 사양했습니다. 대신 혼자서 오르간 앞에서 한두 시간을 보내고 싶어 했습니다. 사람들이 슈바이처가 묵는 록펠러 교회로 모여들었습니다. 통역자는 기겁했습니다. 교회에는 빈곳이 없을 정도였습니다. 슈바이처의 반응을 알 수 없는 통역자의 부탁에도 불구하고 사람들은 조용히 할 테니 한 번만 봐달라고 사정했습니다. 강단 옆 통로로 들어온 슈바이처는 상황을 몰랐습니다.

시력과 청력을 거의 잃은 그가 굳은살 박인 손가락으로 천천히 바흐를 연주했습니다. 어느 소절은 몇 번이고 거듭 연주하기도 했습니다. 연주가 끝나자 박수가 터졌습니다. 슈바이처는 깜짝 놀랐고, 통역자는 혼비백산했습니다. 화를 내리라는 통역자의 예상과 달리 그는 어린애처럼 웃음을 터뜨리며 함께 박수를 쳤습니다. 그리고 신발 끈이 풀릴 때까지 우스꽝스런 춤을 추었습니다.

으뜸이 되려면 먼저 섬기는 사람이 되어야 합니다. 세상이 이처럼 혼탁하고 어지러운 것도 섬김을 모르는 지도자들이 적지 않기 때문입니다. 우리 주님은 슈바이처의 모습 같은 진정한 겸손을 바라십니다(벧전 5:5).

 불의 밤

1654년 11월 23일. 파스칼은 환상 가운데 십자가를 보면서 확실하게 회심을 경험했습니다. "밤 10시 30분부터 12시 30분경까지…불…아브라함의 하나님, 이삭의 하나님, 야곱의 하나님, 그리고 철학자들을 비롯한 그 잘난 학자들과 무관한 하나님. 확신. 확신. 기분. 기쁨. 평안." 파스칼은 그 날의 경험을 양피지 조각에 기록해서 상의에 넣고 꿰맨 채 평생 지니고 다녔습니다(엡 4:24).

여러분은 주님과의 불같은 만남을, 경험을 서둘러 잊지는 않았는지요. 그때의 양피지 조각, 지금 어디에 있습니까?

 # 넝마와 종이

영국의 빅토리아 여왕이 신하들과 제지공장을 살펴보러 길을 나섰습니다. 제지공장은 온통 더러운 넝마투성이었고, 그것들이 물과 뒤엉켜서 풍기는 냄새는 아무리 표정을 관리하려고 해도 절로 인상을 찡그리게 만들었습니다. 여왕은 더 이상 참을 수 없었습니다. 그녀는 직원들의 보고를 받는 둥 마는 둥 황급히 자리를 떴습니다.

그로부터 며칠이 지난 뒤에 여왕에게 소포 하나가 도착했습니다. 그 안에는 투명무늬로 여왕의 초상화를 그려 넣은 최고급 백색 종이와 편지 한 장이 들어 있었습니다.

"여왕께서 며칠 전에 보셨던 그 냄새나고 더러운 넝마로 이렇게 종이를 만들어 바칩니다."

빅토리아 여왕에게는 초라했던 넝마가 제지공장 직공들에게는 종이를 만드는 소중한 원료였습니다. 이처럼 두 눈만 의지하다가는 낭패를 보게 됩니다. 오만한 유대인 장로들과 대제사장들은 허름한 갈릴리 청년의 권위에 도전했습니다. "네가 무슨 권세로 이런 일을 하느뇨?"(마 21:23) 허영과 외식에 젖은 그들의 눈에 예수님의 진면목이 제대로 보일 리 없었습니다. 우리 역시 마찬가지입니다. 사람을 겉모습만 가지고 취하면 자신도 모르게 커다란 잘못을 범하게 됩니다.

고통의 의미

선천적인 다리 기형으로 고통을 겪던 아일랜드의 스무 살 청년 로넌 타이넌(Ronan Tynan)은 교통사고로 두 다리를 절단했습니다. 쌍둥이로 태어난 이 청년의 형 역시 11개월을 넘기지 못하고 세상을 떠났습니다. 반복되는 불운에 아는 이들은 혀를 찼습니다. 그러나 정작 청년은 자신의 불행한 처지를 비관하거나 포기하지 않았습니다. 그는 두 다리가 없는 장애인이지만 장애인 올림픽을 비롯한 각종 대회에서 18개의 금메달을 따고, 14번이나 세계 기록을 경신했습니다. 계속해서 더블린의 명문 트리니티 대학 의과대학을 우수한 성적으로 졸업하고 스포츠 의학 재활 센터를 개업했습니다.

사람들은 그런 그에게 갈채를 보냈습니다.

하지만 그는 거기서 멈추지 않았습니다. 서른 살의 나이에 성악 레슨을 받기 시작했습니다. 그를 아는 사람들은 또다시 놀랬습니다. 2년 만에 아일랜드의 전설적인 테너 존 매코맥을 기리는 상을 수상했고, 다른 가수 둘과 '아일랜드 3대 테너' 음반을 내기도 했습니다. 그의 솔로 앨범 '내 인생은 당신의 것'은 연일 판매기록을 경신했습니다.

'용연향'이라고도 부르는 앰버그리스는 병든 고래에서 생겨나는 이물질입니다. 그것을 알코올에 녹여서 향료성분을 추출하면 아주 값비싼 재료를 얻게 됩니다. 고통은 감당하기 쉽지 않은 인내와 용기를 요구하지만, 그 덕분에 자신이 말할 수 없이 소중한 존재라는 것을 깨닫게 해줍니다(욥 23:10).

숫자를 좋아하는 어른

누구나 좋아하는 앙투안 드 생텍쥐페리의 《어린 왕자》에는 이런 내용이 나옵니다.

어른들은 숫자를 좋아한다. 어른들에게 새로 사귄 친구에 관해 이야기를 하면 제일 중요한 것은 도무지 묻지를 않는다. 그들은 '그 친구의 목소리가 어떠냐? 무슨 놀이를 제일 좋아하느냐? 나비 같은 것을 채집하느냐?'라고 묻는 일은 절대 없다. '나이가 몇이냐? 형제가 몇이냐? 몸무게는 얼마나 나가느냐? 그 애 아버지가 얼마나 버느냐?' 이것이 그들이 묻는 말이다. 그제야 그 친구를 안다고 생각한다. 만일

어른들에게 '창틀에는 제라늄이 피어 있고 지붕에는 비둘기들이 놀고 있는 아름다운 벽돌집을 보았다'라고 말하면 그들은 그 집이 어떻게 생겼는지 생각해 내지 못한다. '1억 짜리 집을 보았어.'라고 해야 한다. 그러면 '그거 참 굉장하구나.' 하고 감탄한다.

영적인 삶은 물질과 그리 깊은 관계가 없습니다. 중세 수도사들은 물질이 삶에 방해가 된다고 생각했습니다. 하지만 물질이 정신을 규정하는 지금의 세계에서 그런 믿음을 유지하기는 쉽지 않습니다. 그럼에도 불구하고 진리는 예나 지금이나 다르지 않습니다. 그리스도인들에게는 물질보다 믿음이 우선합니다(딤전 6:17). "죽어 없어질 부를 추구하며 그 안에 소망을 두는 것은 허영이다." 수도사 토마스 아 켐피스의 말입니다.

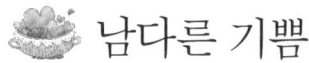 남다른 기쁨

조지 뮬러를 도와서 고아원을 운영하는 사람들이 그를 찾아왔습니다. 고아원을 계속 운영하기 위해서 기금을 모으려고 했지만 불가능하다는 말을 전했습니다. 그런데 그들의 말을 가만히 듣고 있던 뮬러가 어찌 된 일인지 기뻐하기 시작했습니다. 그의 안색 역시 밝아졌습니다. 영문을 몰라 하는 이들을 바라보면서 그가 말했습니다.

"우리는 스스로 무기력하다고 느끼면 느낄수록 주님을 더욱 의지하게 되니, 어찌 아니 기쁘겠습니까."

사람들은 뮬러의 말을 따랐고, 하나님은 그런 그들의 필요를 채워주셨습니다.

우리가 축복과 능력을 제대로 누리기 위해서는 무엇보다 하나님을 철저하게 의존하는 게 중요합니다(시 42:1). 주님은 믿고 따르는 이들의 기도와 요구를 외면하시지 않습니다. 더 이상 길이 보이지 않을 때, 더 이상 도움의 손길을 찾을 수 없을 때, 더 이상 인간의 능력과 지혜로 해결할 수 없는 문제에 직면했을 때, 그리고 더 이상 스스로의 힘으로 지탱할 수 없다고 느껴질 때, 그 때가 바로 하나님이 직접 움직이시는 순간입니다.

A Cup of Espresso at the Soul Cafe

훌륭한 인물은 그냥 만들어지지 않습니다. 반드시 좋은 선생님, 좋은 멘토가 있기 마련입니다.

PART 2
영혼의 멘토

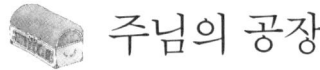 주님의 공장

스타인웨이 피아노는 라흐마니노프, 호로비츠, 클리번, 그리고 리스트와 같은 대가들이 늘 선호하는 악기였습니다. 거장들이 스타인웨이를 선택하는 데는 그만한 이유가 있습니다. 놀라운 음색을 내도록 제작된 정교한 악기이기 때문입니다. 스타인웨이 피아노는 140년 전 헨리 스타인웨이가 처음 피아노를 만드는 일을 시작할 때와 조금도 다름없이 오늘날에도 제작됩니다. 현재도 이 기막힌 악기를 한 대 만드는 데는 2백 명의 숙련된 기능공들과 1만2천 개의 부품들이 필요합니다.

그 제작 공정 가운데 무엇보다 중요한 것은 열여덟 겹 단풍

나무를 압축기로 휘어서 그랜드 피아노의 모양을 잡아내는 테두리 작업입니다. 광택은 옷칠을 다섯 번하고 직접 손으로 문질러서 냅니다. 그리고 나서도 연주실로 보내진 피아노는 건반 하나마다 1만 번의 시험  을 거쳐서 품질과 내구성을 확인한 뒤에야 연주자들의 선택을 기다립니다.

그리스도는 우리가 자신을 닮을 때까지 매일 누르고 휘어서 모양을 잡아갑니다. 우리가 빛을 발할 때까지 그분은 간혹 힘겨운 고통까지 동원해서 우리를 문지릅니다. 그리고 일상에서 매일 그 수준을 확인합니다. 이 모든 과정이 간단하지는 않지만, 마침내 그리스도의 영롱한 소리를 발할 것을 알기에 우리는 결코 실망하는 법이 없습니다(롬 5:3-4).

진정한 사랑

다른 사람들에게 베푸는 사랑이 비즈니스로 엮어진 관계와 크게 다르지 않을 때가 가끔 있습니다. 사람들이 우리에게 친절을 베풀면, 우리는 똑같이 돌려줍니다. 또 그들이 우리를 부당하게 대하면 우리의 반응은 당연히 부정적입니다. 모든 일이 '눈에는 눈', '이에는 이'라는 합리적 정의를 따릅니다. 하지만 그리스도인의 사랑이 언제나 합리적일 수 없습니다. 그것은 정의 이상으로 자비를 요구합니다(벧전 4:8). 우리가 그리스도인으로서 사랑을 베풀면, 가정과 직장, 그리고 교회와 사회가 변화하게 되는 것도 그 때문입니다.

한 사람이 남부군을 지휘하는 로버트 리 장군에게 험담을 늘어놓는 동료를 어찌 생각하는지 물었습니다. 리는 그가 아주 만족스럽다고 말했습니다. 그러자 질문한 사람이 오히려 혼란스러워했습니다. "그가 당신에 대해서 무슨 말을 하는지 잘 모르시는 것 같군요." 그러자 리가 말했습니다. "알고 있소. 하지만 당신이 내게 물은 것은 나에 대한 그의 의견이 아니라, 그에 대한 나의 의견 아니오."

모자이크 삶

이탈리아를 여행하는 어느 사람이 겉모습만 완성된 사원을 방문했습니다. 안으로 들어가자 거대한 벽 앞에 화가가 무릎을 꿇고 모자이크 작업을 막 시작하고 있었습니다. 가까운 탁자에는 수많은 도자기 조각들이 널려 있었습니다. 그 모습에 흥미를 느낀 관광객이 화가에게 다가가서 그렇게 커다란 작품을 언제쯤 완성할 수 있을지 물었습니다. 화가는 하루 동안 완성할 수 있는 작품의 양만을 알 수 있을 뿐이라고 했습니다. 그는 매일 아침 현장에 도착하면 그날의 분량을 표시하고 그 나머지 공간은 무심하게 대한다고 했습니다. 그게 바로 그가 할 수 있는 전부였고, 만일 그가 충실하게 최선을 다하면 언젠가는 모자이크가 완성될 터였습니다.

우리네 삶도 그렇습니다. 얼핏, 어찌 이룰 수 없는 끝없는 길을 가는 것처럼 보일 때도 있습니다. 그렇다고 해서 지레 겁을 먹거나, 남의 시선을 크게 의식할 필요는 없습니다. 하루하루의 삶에 충실하고, 감사를 잊지 않으면서 살아가노라면 인생이라는 아름다운 모자이크 그림은 반드시 완성되기 마련입니다(미 6:8).

 전화 부스

찬송가 작사가인 웬델 러브리스(Wendell Loveless)가 소개한 일화 가운데 하나입니다.

어느 날 저녁 미국을 방문한 어느 외국인 강사가 산책 중에 고국에 전화를 걸고 싶었습니다. 그는 전화 부스에 들어갔지만 자기 나라의 그것과 다르다는 것을 알고서 무척 당황했습니다. 이미 날이 어두워져서 전화번호부를 확인하기가 쉽지 않았습니다. 천장에 불이 달려있었지만 어떻게 켜는지 알 수 없었습니다. 거의 컴컴해진 전화 부스에서 전화번호를 찾으려고 애쓰고 있을 때 그곳을 지나던 사람이 거들고 나섰습니다.

"선생님, 불을 켜시려면 전화 부스의 문을 닫아야 합니다."

외국인 강사는 그제야 문을 닫았습니다. 그러자 불이 켜졌고, 고향에 원하는 전화를 무사히 할 수 있었습니다.

기도 역시 다르지 않습니다. 우리는 기도할 때 분주한 세상의 문을 닫고 아버지에게 마음의 문을 열어야 합니다. 어지럽고 바쁜 세상이 주는 고통과 낙심은 어느덧 우리 의식 속에서 사라지고 하나님의 임재를 느끼게 됩니다. 우리 주님도 종종 하나님과 홀로 시간을 보내셨습니다(막 1:35).

가구

삶의 의미를 돌아보게 하는 일화입니다.

중동을 여행하는 그리스도인들이 어떤 지혜롭고, 믿음이 좋고, 경건한 삶을 사는 어느 노인에 대한 소문을 접하게 되었습니다. 그리스도인들을 그를 찾아 나섰고, 수소문 끝에 만나게 되었습니다. 노인은 작은 오두막에서 기거했습니다. 집안에 들어선 사람들은 깜짝 놀랐습니다. 가구라야 초라한 침상, 의자, 탁자, 그리고 음식을 조리하고 난방에 사용하는 망가진 난로 하나가 고작이었습니다. 방문객들은 빈약한 소유에 충격을 받았습니다. 그 가운데 한 사람이 물었습니다.

"가구는 어디에 있습니까?"

그러자 노인이 부드러운 미소를 지으면서 대답했습니다.
"그러면 당신의 것은 어디 있습니까?"
"그야 집에 있지요. 저는 여행 중이 아닙니까?"
"나도 그렇다오."

우리가 현재 살고 있는 이 세상은 목적지가 아닙니다. 잠시 머물다 떠나는 정류장입니다. 그리스도인들은 더 나은 땅을 찾아서 길을 가는 순례자들입니다. 그래서 우리는 여행자의 눈으로 모든 것을 바라보아야 합니다. 필요 이상의 화려한 짐을 지고는 먼 길을 갈 수 없습니다(마 6:20).

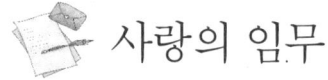 사랑의 임무

　　　　　　　　　　버림받고 죽어가는 이들을 기꺼이 거두던 마더 테레사가 생전에 겪은 일입니다.

　언젠가 그녀는 세계를 대표하는 대통령, 수상, 국왕 등이 모이는 자리에 참석했습니다. 모임에 참석한 사람들의 면면은 화려했습니다. 그러나 마더 테레사는 늘 그렇듯이 낡고 소박한 사리를 옷핀으로 고정한 채 조용히 자리에 앉아 있었습니다. 어느 정치인이 인도 캘커타 빈민가에서 테레사가 봉사하는 것을 화제 삼아서 이야기를 시작했습니다. 그는 테레사를 돌아보면서 지금 하는 일이 세계적으로 많이 알려졌지만 결과가 눈에 띌 정도가 되지 않는 것 때문에 가끔 좌절하거나 실망한 적은 없었는지 물었습니다. 그러자 테레사가 말했습니다.

"천만에요. 저는 실망하거나 좌절한 적이 없습니다. 하나님은 저에게 성공의 임무를 주신 게 아니라 사랑의 임무를 주셨기 때문입니다."

사랑은 결과를 기대하지 않습니다. 오로지 동기만을 따질 뿐입니다. 사랑해야 할 이유를 알고 있는 이들은 사랑할 대상을 발견하면 그것에만 모든 힘을 집중하기 마련입니다. 자신의 행위가 초래하는 결과는 관심을 갖지 않습니다. 세상의 눈으로 보면 어리석게 보일지 모르지만, 주님은 그것을 제일이라고 평가하십니다(고전 13:13).

마음의 도끼

　　　　　　　　　　늘 사용하는 도끼를 잃어버린 농부가 있었습니다. 무척이나 아끼는 물건이었습니다. 농부는 이웃 청년을 의심했습니다. 그는 도둑처럼 걸었고, 도둑처럼 말했고, 도둑처럼 행동했습니다. 미소를 짓는 것도 도둑 같았고, 머리를 쓸어 넘기는 것도 도둑 같았습니다. 청년이 가게에 가는 모습도, 사람을 만나는 모습도, 신발을 꺾어 신고 다니는 모습도 농부에게는 영락없는 도둑이었습니다.

　그러던 어느 날 농부는 밭을 살피러 가다가 둑 밑에서 잃어버렸던 도끼를 발견했습니다. 맞은편 미루나무 가지를 치러가다가 옆집 농부를 만나 둑에서 이야기를 나누다 그만 함께 집으로 돌아온 게 화근이었습니다. 이후로 농부가 이웃집 청년을 보니 다른 청년과 똑같이 걷고, 똑같이 말하고, 똑같이 행동하고 있었습니다.

우리가 품은 생각 때문에 현실이 엉뚱하게 왜곡될 수 있습니다. 그릇된 생각은 세상을 있는 그대로 바라보지 못하게 만듭니다. 맑고 순수한 영혼을 간직하면 눈으로 보지 못할 게 없습니다. 그래서 우리는 마음의 도끼를 내려놓고, 있는 그대로 세상을 바라 볼 수 있도록 기도하지 않으면 안 됩니다(딛 1:15).

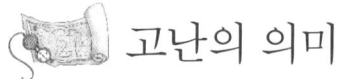 고난의 의미

한 젊은이가 골수암으로 한쪽 다리를 잘랐습니다. 그는 자신의 처지를 증오했고, 의사를 비롯한 누구와도 대화를 마다했습니다. 그러다가 상담과 그림치료를 병행하는 의사를 만나고 달라졌습니다. 그는 비슷한 처지의 환자를 방문하고 위로했습니다. 한번은 그가 유방암으로 가슴을 들어낸 같은 또래의 환자를 찾아갔습니다. 그녀는 삶의 의욕이 전혀 없었습니다. 젊은이는 간호사가 틀어놓은 라디오 음악에 맞추어서 춤을 추었습니다. 의족을 풀고 한쪽 다리로 춤추는 모습을 본 환자가 웃음을 터뜨렸습니다. 그녀가 말했습니다.

"당신이 춤을 추면 나는 노래를 부를 수 있어요."

그렇게 1년이 지나자 젊은이와 대화를 나누던 의사가 치료 초기에 그가 그렸던 항아리 그림을 꺼냈습니다. 분노 때문에 잔뜩 금이 간 항아리를 그렸던 젊은이가 그것을 한참을 바라보더니 입을 열었습니다.

"이 그림은 아직 미완성입니다. 이 갈라진 틈이 보이시죠? 여기서 빛이 나오는 겁니다."

그리고는 노란색 크레용으로 항아리의 틈에서 눈부시게 새어 나오는 빛을 그리기 시작했습니다.

고난은 감당할 수 없는 고통을 안겨줍니다. 손끝 하나 움직일 수 없게 만드는 강력한 힘을 발휘합니다. 게다가 의지할 게 전혀 없는 듯한 절망까지 한꺼번에 안겨줍니다. 하지만 고난이 늘 나쁜 것은 아닙니다. 남을 이해하고, 또 진정한 감사가 무엇인지 깨닫게 합니다(시 119:71).

 습관의 힘

하루는 스승이 제자들을 이끌고 가까운 산을 올랐습니다. 그리고는 나무들을 가리키면서 제자들에게 차례대로 뽑아 보라고 일렀습니다. 제자들은 영문을 몰랐지만 스승의 분부대로 나무를 뽑았습니다. 스승이 첫 번째로 가리킨 나무는 아주 쉽게 뽑혔습니다. 두 번째 나무는 조금 더 힘을 들여서 뽑았습니다. 세 번째 나무는 있는 힘을 다해서 겨우 뽑았습니다. 그런데, 네 번째 나무는 뿌리가 땅 속 깊이 박혀 있어서 아무리 힘을 써도 미동도 하지 않았습니다.

그 모습을 본 스승이 제자들에게 말했습니다.

"습관도 이와 같다. 오래 된 습관일수록 뽑기가 쉽지 않다."

인간을 성공으로 이끄는 것은 특별한 재능이나 지식이 아닙니다. 작은 습관 하나가 우리의 삶 전체를 바꾸어 놓을 수 있습니다. 그래서 러시아의 위대한 작가 도스토옙스키는 "습관이란 인간으로 하여금 그 어떤 일도 할 수 있게 만들어준다"고 말했습니다.

우리는 어떤 습관도 사소하게 여길 수 없습니다. 그릇된 습관은 멀리하고, 위대한 습관을 기르기 위해서 노력해야 할 이유가 바로 여기에 있습니다(딤전 4:7).

 강력한 무기

작은 교회에서 주일 예배를 인도하는 목사가 막 설교를 시작하려는 순간, 한 사내가 들어와서 자리에 앉았습니다. 사내의 외모는 형편없었습니다. 제대로 빗지 않은 긴 머리, 덥수룩한 수염, 그리고 목욕은 전혀 하지 않은 것 같은 차림이었습니다. 목사는 애써 그를 외면하고 설교했습니다. 그러자 전혀 웃기지 않은 대목에서 사내가 큰 소리로 웃었습니다. 목사는 잠시 설교를 멈춘 채 사내에게 정중히 부탁했습니다.

"선생님, 예의를 갖추시지 않으면 떠나달라고 할 수밖에 없습니다."

사내는 사나운 눈빛으로 바라보다가 또다시 웃었습니다. 목사는 성경 말씀을 떠올리며 악령에게 사로잡힌 게 틀림없다고 생각하고서 그리스도의 이름으로 꾸짖었습니다. 하지만 사내는 여전히 웃어댔습니다. 잠시 당황하던 목사는 무슨 생각인지 성찬 상에 놓인 헌금함을 가져다가 사내 앞에 내밀었습니다. 그러자 사내는 충격을 받은 듯 자리를 박차고 줄행랑을 놓았습니다.

말로는 악을 감당해내지 못합니다. 말솜씨가 그럴 듯해도 악을 이겨낼 수 없습니다. 악은 언어로 설득하거나 굴복시킬 수 없습니다. 그리스도처럼 우리가 이 세상에서 악을 제압할 수 있는 유일한 방법은 희생입니다(갈 1:4). 스스로 자신의 몫을 내어놓고 함께 나눌 때 악은 어느덧 우리 주변에서 자취를 감추게 됩니다.

 # 불신의 이유

사막을 걷는 사람이 낙타를 타고 지나는 사람에게 함께 낙타를 탈 수 있게 해달라고 간청했습니다. 낙타 주인은 그를 불쌍히 여겨서 승낙했습니다. 사내는 낙타에 올라타자마자 주인을 밀어서 모래 위에 떨어뜨리고는 쏜살같이 낙타를 몰아서 도망쳤습니다. 그 뒤를 향해서 낙타 주인이 소리쳤습니다.

"당신이 내 낙타를 빼앗아간 게 분하지 않소. 내게는 낙타들이 많소. 당신은 사람 사이의 신뢰를 무너뜨린 거요. 앞으로는 낙타를 가진 사람들이 길을 가는 외로운 여행자들을 돕는 일이 없을 것이오. 당신과 같은 사람을 낙타에 태웠다가 낭패를 볼 수 있으니 말이오."

이유 없이 불신이 생겨날까요? 누군가 불신의 씨앗을 뿌렸기 때문에 사람들 사이에 불신이 자리 잡게 된 것입니다. 의심 역시 마찬가지입니다. 어떤 사람이 신뢰를 철회할 수밖에 없는 행동을 했으니 의심하는 마음이 생겨나는 것입니다. 알고 있듯이, 한 사람의 잘못은 한 사람에 국한되지 않습니다. 그것은 개인을 벗어나서 전체에까지 영향을 끼칩니다(롬 5:12). 우리의 삶이 신뢰와 불신을 결정합니다.

 미래를 즐기라

오랫동안 한 곳에서 나란히 놓여 있는 돌들이 있었습니다. 바람과 비 덕분에 돌들은 겉이 아주 매끈하고 동그랬지만 그곳을 떠날 수 없었습니다. 돌 하나가 옆에 있는 친구에게 인사를 건넸습니다.

"별 일 없지?"

그러자 옆에 있는 돌이 대답했습니다.

"물론, 나야 단단한 돌이니까."

첫째 돌이 또다시 물었습니다.

"오늘은 별다른 계획이 없어?"

둘째 돌이 대답했습니다.

"나야 돌이 아니니. 그러니 어제도, 오늘도, 내일도, 또 영원히 무슨 일이 있겠어? 그러니 계획이랄 것도 없어."

첫째 돌이 물었습니다.

"어째서 그렇게 생각하지?"

"그야 내가 돌이기 때문이야. 모르겠어? 나는 그저 돌일 뿐이라니까. 나는 과거에도 돌이었고, 앞으로도 돌이야. 그러니 계획이고 뭐고 생각할 수도 없는 존재고, 앞으로도 내게는 별다른 일이라고는 있을 수 없어."

바로 그때 어느 이스라엘 소년이 한 손에는 물매를 들고, 나머지 손으로 그 매끈한 돌들을 집어 들었습니다.

우리는 앞날을 전혀 알 수 없습니다. 누구는 그게 두려워서 나름의 방법을 찾습니다. 그리고는 확실하지 않음에도 불구하고 굳이 안도하려고 합니다. 하지만 진정으로 지혜로운 이들은 예측할 수 없는 미래를 위해서 하나님에게 자신을 맡기고, 감사하며 즐깁니다. 그러면 하나님은 다윗의 손에 들렸던 돌처럼 우리를 놀라운 일에 사용하십니다(사 45:7).

염려

재미있는 우화입니다.

신경쇠약에 걸린 시계가 있었습니다. 처음부터 그렇지는 않았습니다. 언젠가부터 시계는 1초당 두 번씩 똑딱인다는 것을 알게 되었습니다. 시계는 생각에 잠겼습니다. 1초당 두 번씩 똑딱이는 것은 1분에 120번 똑딱인다는 뜻이었습니다. 그것은 1시간에 7,200번, 하루에는 172,800번, 그리고 한 주에 1,209600번, 그리고 1년이면 52주에 62,899,200번이었습니다. 엄청났습니다. 시계는 신경쇠약에 걸렸습니다. 시계는 정신과의사에게 실려 갔습니다.

"어째서 오셨습니까?"

시계는 한숨을 지었습니다.

"선생님, 저는 너무 많이 똑딱여야 합니다. 1초당 두 번씩이면 분당 120번, 시간당 7,200번 그리고…"

"잠깐."

의사가 말을 끊었습니다.

"당신은 한 번에 몇 차례씩 똑딱이나요?"

"물론, 그야 한 번이지요."

의사가 말했습니다.

"그러면 이렇게 하세요. 집으로 돌아가서 한 번에 한 차례씩만 똑딱이는 겁니다. 그 다음은 조금도 걱정하지 마세요."

믿음 역시 우화 속 시계와 다르지 않습니다. 믿음도 시계처럼 한 번에 한 차례씩 똑딱입니다. 그것을 가능하게 하는 힘은 주님입니다. 베드로는 그리스도인들이 말할 수 없는 즐거움을 누릴 수 있다고 말합니다(벧전 1:8). 사실, 그 편지는 한창 박해를 받는 신자들에게 보낸 것이었습니다. 베드로의 편지는 깊은 의미를 담고 있습니다. 그리스도인들이 불가능한 즐거움을 느끼는 것은 매순간 감당할 수 있는 힘을 주님이 주시기 때문입니다.

 영혼의 만나

찰스 알렌(Charles Aleen)은 자신의 저서 《하나님의 정신의학》에서 이런 일화를 소개합니다.

2차 세계대전이 끝나갈 무렵 연합군은 고아들을 모아서 캠프 별로 배치하고 먹을 것을 넉넉히 배급했습니다. 군인들이 정성껏 보살폈지만, 아이들은 제대로 잠을 못 잤습니다. 아이들은 두려워했고, 신경이 극도로 예민해 있었습니다. 결국 군인들은 정신과의사에게 의견을 구했습니다. 의사는 한 가지를 제안했습니다. 아이들이 잠자리에 들 때마다 빵을 한 개씩 배급하라는 것이었습니다. 그 빵은 먹지 않고, 밤새도록 그냥 머리맡에 두어야 하는 특별한 빵이었습니다. 빵은 놀라운 결과를 가져왔습니다. 아이들은 다음 날에도 먹을 수 있는 빵이 있다는 것 때문에 안심하고 깊은 잠을 잘 수 있었습니다.

알렌의 글을 읽다가 다른 곳으로 생각이 번져나갔습니다. 광야에서 오병이어의 기적을 경험한 5천 명의 사람들은 어째서 음식을 남겼을까? 넉넉하지 않은 살림살이, 광야를 떠나 집으로 짧지 않은 거리를 가야 할 사람들이 음식을 모조리 해치우지 않은 이유는 무엇이었을까? 기적을 현실로 만들고, 부족하면 언제든 채울 수 있는 예수님이 함께 하셨기 때문이었습니다(빌 4:19). 기적이 일상인데, 우리가 허둥댈 필요가 있을까요?

 한번, 웃어주세요

1996년 6월 1일. ABC 방송국의 아침 프로그램 '굿모닝 아메리카'에 첼시 토마스라는 이름의 소녀가 출연했습니다. 아이는 태어날 때부터 전혀 웃지 못했습니다. 안면 근육을 제대로 움직일 수 없는 뫼비우스 증후군을 앓았습니다. 아이는 여덟 살이 될 때까지 웃는 것을 목표로 삼았습니다. 아이는 정말 웃고 싶었습니다. 인터뷰를 마칠 무렵에 ABC 방송국 기자가 첼시에게 물었습니다.

"많은 사람들이 웃을 수 있는데도 그렇게 하지 않는단다. 인상을 찡그리고 다니지. 그 사람들에게 들려주고 싶은 말은 없을까?"

첼시가 대답했습니다.

"하나님이 웃음을 준 데는 무슨 이유가 있을 거예요. 그것을 사용하지 않고 선물을 허비하는 것은 좋은 일이 아니에요."

누구는 말합니다. '웃음은 병을 치료하고, 건강하게 만들어준다.' 과학적으로 입증이 쉽지 않은 가설입니다. 하지만 확실한 주장도 있습니다. 웃으면, 적어도 웃는 순간만큼은 걱정이나 스트레스나 아픔이 분명히 사라집니다. 그리고 또 한 가지, 웃는 모습을 바라보는 이들 역시 전염되어 함께 웃게 됩니다. 오늘 옆 사람을 돌아보며 한번, 웃어주세요(살전 5:16).

말씀의 힘

러시아의 젊은 공산주의자가 모임에서 한 그리스도인의 신앙고백을 들었습니다. 미신을 실재로 간주하는 모습에 화가 치밀었습니다. 집에 돌아온 젊은이는 그 문제를 단박에 해결하려고 했습니다. 기독교에 대한 반박문을 써서 허구를 폭로할 생각이었습니다. 시간 낭비를 바라지 않은 그는 가장 짧은 마가복음을 읽었습니다. 모두 읽고 나자 하나님의 유머감각이 조금 느껴졌습니다. 마가복음은 단도직입적으로 하나님의 나라를 선포하는 예수님을 소개하고 있었습니다. 그는 다른 복음서들도 읽었고, 결국에는 밤을 새우면서 신약성경의 나머지 부분들을 모두 읽었습니다. 아침이 되었을 때 그는 믿고 기도하는 그리스도인이 되었습니다.

　일화의 주인공은 20세기에 러시아 정교회 주교를 지낸 앤소니 블룸(Anthony Bloom)입니다. 그는 극심한 어려움과 고통을 겪으면서도 자신의 양떼를 포기하지 않고 인도했습니다. 그것을 가능하게 만든 힘은 물론, 말씀에 대한 묵상에서 비롯되었습니다. 하나님 말씀은 영혼을 변화시키는 능력 그 자체입니다 (시 19:7-8).

 먼저 하나님 나라를 구하라

교회교육의 역사에 반드시 거론되는 인물이 있습니다. 존 워너메이커(John Wanamaker)입니다. 존은 필라델피아에서 백화점을 개업했습니다. 몇 년이 지나지 않아서 사업은 전국적으로 상당한 성공을 거두었습니다. 그러나 그것만이 그의 일은 아니었습니다. 당시 그는 미국 체신부 장관이었고, 세계에서 가장 큰 베다니 장로교회 주일학교의 교장이었습니다. 어떻게 그리 많은 일을 한꺼번에 할 수 있는지 누군가 묻자, 그는 이렇게 설명했습니다.

"나는 어려서 먼저 그의 나라와 그의 의를 구하라 그리하면 이 모든 것을 너희에게 더하시리라는 말씀을 읽었습니다. 나의 주된 사업은 주일학교이고, 나머지는 부수적인 일입니다."

교회학교에서 괜찮은 인물들이 배출된 데는 존 워너메이커 같은 이들이 있었기 때문입니다. 요즈음 교회교육의 위기를 말하기도 하지만, 진짜 문제는 선생님들이 존처럼 하나님의 나라와 의를 먼저 구하고 있는가 하는 것입니다(마 6:33).

그리스도의 지체

사람의 뼈 가운데 가장 작은 뼈들이 있습니다. 추골(楸骨), 침골(砧骨), 그리고 등골(燈骨)이 그것들입니다. 이 세 개의 뼈들은 귓속 중간에 자리 잡고 있는데, 어찌나 작은지 제대로 해부학 실습을 공부해도 경력이 오래지 않으면 제대로 확인할 수 없을 정도라고 합니다. 그런데 놀라운 것은, 그토록 작은 이 세 개의 뼈들이 질서 있게 작동할 때만 우리가 소리를 들을 수 있다는 것입니다. 이것들이 제대로 작동하지 않으면 우리는 어떤 소리도 들을 수 없게 됩니다.

그리스도의 몸에서는 크기가 그 구성체의 중요성을 결정하

지 않습니다. 팔이 아니라서, 혹은 다리가 아니기 때문에 자신을 낮게 취급해서는 안 됩니다. 겉으로 드러나지도, 혹은 확대경을 통해서만 볼 수 있는 아주 작은 등골 같은 지체일 수 있습니다. 그러나 등골이 없는 사람이 소리를 들을 수 없듯이, 비록 크기는 작아도 아주 소중한 인체의 기능을 담당하는 경우는 적지 않습니다(고전 12:27).

 레인 메이커

캐나다 온타리오에서 사역한 목회자가 있었습니다. 그는 9년간 그곳에서 목회를 하다가 날씨를 고약하게 만드는 사람이라는 오명을 썼습니다. 그도 그럴 것이, 교회에서 야유회를 갈 때면 어김없이 비가 내려서 모두 기분을 잡쳤고, 또 옥외에서 성탄절 바자회를 열기라도 하는 날에는 심한 폭풍이 몰아쳤습니다. 그는 캐나다에서 서인도제도의 교회로 임지를 옮기게 되었습니다.

그가 비행기에서 내리자 한창 건조한 시기임에도 불구하고 폭풍우가 휘몰아쳤습니다. 그는 평소에 단련된 터라 별일 아니라고 생각했지만, 마중 나온 교인들이 겪을 어려움을 생각하자 아연 긴장했습니다. 그곳에서도 역시 똑같은 오명을 쓰게 될 게 분명했습니다. 그런데 제일 먼저 다가온 신자가 흠뻑 비에 젖은 그를 와락 끌어안으면서 뭐라고 외쳤습니다. 내용을 알 수 없는 그는 깜짝 놀랐습니다. 나중에 그는 어째서 교인이 자신을 껴안았는지 알게 되었습니다.

"이렇게 행운을 가져다주는 분을 모시게 되다니! 당신과 함께 온 이 고마운 비를 보세요!"

가치는 늘 동일할 수 없습니다. 부정적인 것도 상황에 따라서는 긍정적인 게 되고, 그 반대 역시 가능합니다. 어느 때는 비처럼 불편한 것도 없지만, 농사짓는 이들에게는 그렇게 달콤한 축복이 있을 수 없습니다. 지금 우리네 삶에 내리고 있는 구질구질한 비가 그리 나쁘지 않은 것도 바로 그 때문입니다(살전 5:18).

 # 성공의 조건

갤럽은 최근에 《미국 인명사전》에서 무작위로 선정한 유명인 1,500명의 생활태도와 특징을 토대로 성공에 관해서 심층 연구를 진행했습니다. 그들의 특징을 다섯 가지로 간추리면 이렇습니다.

첫째, 상식이 뛰어나다. 둘째, 자기 분야에 대한 지식이 풍부하다. 셋째, 자신에 대한 신뢰가 확고하다. 넷째, 일반적으로 지능이 높다. 여기서 말하는 지능은 IQ만이 아니라 어휘력, 독서력, 작문 능력을 말합니다. 응답자들은 대개 한 해에 19권의 책을 읽었습니다. 다섯째, 업무수행 능력이 높다. 업무능력에는 조직력, 훌륭한 근무 태도, 그리고 근면성이 포함됩니다.

누구나 성공을 꿈꿉니다. 자신의 분야에서 대가가 되고 싶어 합니다. 그런 의미에서 갤럽의 연구 결과는 평범하지만 중요합니다. 성공의 조건 다섯 가지는 서로 달라 보이지만, 사실은 하나로 묶을 수 있습니다. 확실한 기본기입니다. 상식과 지식과 지능은 하루아침에 완성되지 않습니다. 매일 거르지 않고 기본을 다질 때 비로소 일정한 수준에 도달하게 됩니다. 완성을 지향하면서 노력할 때 성공으로 가는 기본이 완성됩니다(잠 2:3).

 상상력을 제한하지 마라

창의성을 연구하는 어느 학자가 세미나를 할 때마다 흰 종이에 검은 점을 하나 그려서 참석자들에게 보여주곤 했습니다. 참석자들이 성인들인 경우에, 그것이 무엇인지 물으면 대답은 하나였습니다.

"검은 점입니다."

그런데 유치원에서 똑같은 실험을 하면 결과는 판이했습니다. 아이들은 손을 치켜들고 말합니다.

"멕시코 모자요."

"아니야, 그건 눌러놓은 햄버거야."

또 다른 아이가 말했습니다.

"으깨진 바퀴벌레라니까."

어릴 때는 상상력이 풍부해도 크면서 포기하는 수가 많습니다. 이것을 놓지 않아서 뛰어난 작품을 남긴 사람이 있습니다. 건축가 이로 사리넨(Eero Saarinen)은 뉴욕 케네디공항 터미널(TWA)을 설계하도록 위촉을 받았습니다. 온갖 아이디어도 그의 생각을 만족시키지 못했습니다. 그러다 아침 식사에 함께 나온 곡선 모양의 과일껍질을 바라보다가 그것을 뒤집어서 안쪽에 아치형태의 구조물을 새기기 시작했습니다. 그리고는 과일껍질을 작업실로 가져가서 최종적인 설계안에 포함시켰습니다(창 1:1).

행복의 원리

어찌 해야 즐겁고 행복한 삶을 살 수 있을까? 중세의 위대한 신학자 토마스 아퀴나스는 그리스도인들을 위해서 평범하지만 특별한 지침을 제시합니다.

첫째, 행복을 해칠 수 있는 과거의 일에 대한 근심과 걱정을 피한다. 둘째, 반드시 필요한 휴식을 취하고 재창조를 못할 정도로 능력 이상으로 일하게 만드는 근심과 걱정은 피한다. 셋째, 미래는 걱정과 불행만 몰고 온다고 믿게 만들고 마음을 소심하고 연약하게 만드는 근심과 걱정은 피한다.

우리는 옛날에 비해 비교도 안 될 정도로 잘 먹고 잘 자고 잘 놉니다. 그럼에도 불구하고 과거보다 행복하다고 자부하는 이들은 찾아보기 어렵습니다. 토마스 아퀴나스는 우리에게 행복에 이르는 길을 분명하게 소개합니다. "근심과 걱정을 피하라." 지금의 삶에 자족하고, 인생의 진정한 가치를 추구하면 근심과 걱정이 있을 수 없습니다. 예수님이 우리를 찾아오신 것도 바로 그것을 일러주시기 위함이었습니다(마 11:28).

 주님 편에 서라

남북전쟁이 계속되고 있었습니다. 남북의 젊은이들이 피 흘리며 죽어가고 있다는 사실이 링컨의 마음을 누르고 있었습니다. 링컨의 심정을 이해하는 한 친구가 대통령을 위로하겠다는 생각으로 말했습니다.

"주님이 우리 편이기를 바랍니다."

그런데 링컨의 대답은 예상 밖이었습니다. 그는 단호하게 그것은 자신의 희망 사항이 아니라고 말했습니다. 주변 사람들은 깜짝 놀랐습니다. 그것을 아는지 모르는지 링컨이 다시 말을 이어갔습니다.

"주님이 늘 옳은 편에 계시다는 것을 알기 때문에 그 점에 대해서는 별로 걱정하지 않습니다. 다만 나와 우리 국민이 주님 편에 서 있는지에 대해서 끊임없이 걱정하고 기도할 뿐입니다."

우리는 날마다 기도해야 합니다. 무슨 일을 하든지, 또 어디에 있든지 주님의 편에 설 수 있도록 말입니다. 주님은 말씀하십니다. "나를 따르는 자는 어둠에 다니지 않는다"(요 8:12). 주님을 멀리 하는 순간, 우리는 양심과 하나님의 은혜를 둘 다 잃어버리게 됩니다.

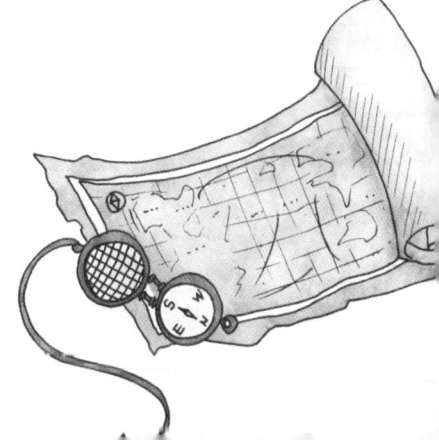

 # 메멘토 모리

젊은이 둘이 믿음이 좋기로 소문난 랍비를 찾아갔습니다. 그들은 랍비처럼 하나님을 사랑하기를 원했습니다. 젊은이 가운데 하나가 물었습니다.

"랍비여, 어찌 하여야 하나님을 진정으로 사랑하면서 사는 것입니까?"

그런 젊은이의 모습이 사랑스러운지 랍비가 웃으며 대답했습니다.

"하나님을 위해서 죽기 전날까지 살아라."

또 다른 젊은이가 물었습니다.

"그것을 어찌 알 수 있습니까? 우리가 언제 죽을지 모르는

데."

랍비는 여전히 웃으면서 대답했습니다.

"하루하루를 죽기 전날처럼 살아라. 아주 간단하지!"

중세시대의 인사 가운데 메멘토 모리(memento mori)가 있었습니다. '죽음을 기억하라'는 뜻의 라틴어 문장입니다. 우리는 영원히 살 것처럼 생각하고 행동합니다. 하지만 시작이 있으면 반드시 끝이 있기 마련입니다(사 2:22). 태어난 이상 죽음을 피할 방법은 없습니다. 중세인들은 죽음 이후에 있을 삶을 생각하고 살았습니다. 죽음을 마주하고 있는데, 어찌 허투루 살 수 있겠습니까.

습관의 힘

노름을 무척이나 즐기는 교인이 있었습니다. 교회에 다니기 시작한 지는 얼마 되지 않았지만 꾸준히 출석하는 그런 사람이었습니다. 그는 구관조를 한 마리 키우고 있었는데, 신통하게도 가르쳐주지 않은 말까지 곧잘 따라하곤 했습니다. 구관조는 손님이 찾아오면 "한 판 돌려! 한 판 돌려!"라고 떠들어댔습니다. 출석하는 교회의 목사님이 교인들과 심방을 왔을 때도 마찬가지였습니다. 숨기고 싶은 비밀을 들켜버린 사내의 얼굴이 벌개졌습니다.

사내는 우연한 기회에 목사님의 사택을 방문하게 되었습니다. 목사님 역시 그처럼 구관조를 기르고 있었는데, 자기 집에서 기르고 있는 것과는 달리 첫 마디가 "다 같이 기도합시다."였습니다.

사내는 자기가 기르는 구관조를 그곳으로 유학을 보냈습니다. 사택에서 기르는 구관조와 붙여놓으면 '한 판 돌려'는 잊을 것 같았습니다. 몇 달이 지나고 구관조가 주인에게 돌아왔습니다. 구관조는 사내를 보자 말했습니다.

"다 같이 한 판 돌려!"

오비디우스는 말합니다. "질병을 예방하라. 약으로는 너무 늦다." 처음에는 별 것 아니었지만, 계속 반복하면 악한 습관에 젖어서 더 이상 옴짝달싹 할 수 없게 됩니다. 악한 것은 서서히 찾아오지만, 일단 자리를 틀면 떠나는 법이 없습니다. 그릇된 것을 멀리하는 게 중요하고, 그것이 어려우면 겸손히 하나님의 능력을 의지해야 합니다(벧전 5:6).

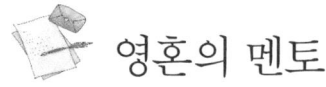 영혼의 멘토

　　　　　　　　　　　소년은 심하게 말을 더듬었습니다. 혼자 말하면 거침이 없어도, 남 앞에서는 입을 열 수 없었습니다. 무슨 말이라도 하려면 말을 더듬지 않으려다가 안면에 경련을 일으킬 정도였습니다. 소년의 잠재력을 발견한 선생님이 있었습니다. 그는 학생들에게 시를 한 편씩 써오게 했습니다. 소년 역시 과제를 제출했지만 어쩐 일인지 선생님은 인정하려 들지 않았습니다.

"제임스, 나는 이 시를 네가 썼다고 믿지 않는다. 네가 썼다는 것을 증명하는 길은 한 가지밖에 없다. 친구들 앞에서 암송해 보아라."

누구보다 인정받고 싶은 선생님에게서 뜻밖의 제의를 받은 소년이 자리에서 일어났습니다. 그리고 큰 목소리로 시를 암송했습니다. 소년은 말을 더듬지 않았고, 음성은 크고 중후해서 반 아이들이 놀랄 정도였습니다. 두려움이 사라진 소년은 선생님의 지도로 각종 웅변대회를 휩쓸었고, 나중에는 뛰어난 배우가 되어 아카데미상과 에미상을 여러 차례 수상했습니다. 여러 영화에 출연했고, '라이온 킹'에서는 무파사 역을 맡았던 흑인 배우 제임스 얼 존스(James Earl Jones)의 일화입니다.

훌륭한 인물은 그냥 만들어지지 않습니다. 반드시 좋은 선생님, 좋은 멘토가 있기 마련입니다. 스스로 깨우치지 못하는 장점을 파악하고 드러낼 수 있도록 돕는 존재가 인물들을 만듭니다. 어부 베드로가 믿음의 사도가 된 것은 예수님의 이끌어 주심 덕분이었습니다(마 16:18). 주위를 둘러보면 영혼의 멘토를 구하는 이들이 의외로 많습니다.

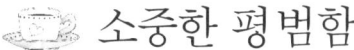 소중한 평범함

 독일에 거주하는 교포 인형 작가는 고향이 생각날 때마다 민들레 잎을 따다가 쌈을 싸먹는다고 했습니다. 그런데 이런 민들레처럼 푸대접을 받는 식물도 드뭅니다. 국화과에 딸린 여러해살이 풀인 민들레가 희귀하고 연약한 식물이라면 멋진 화분이나 온실에서 키울 것입니다. 그러나 어디고 흙만 있으면 그곳이 비록 아스팔트라고 하더라도 어느새 뿌리를 내리고 잎사귀를 내는 민들레를 사람들은 한갓 잡초로 봅니다. 하지만 민들레는 하나도 버릴 게 없는 식물입니다. 부드러운 새 잎사귀는 향긋한 샐러드를 만들거나 그냥 먹을 수 있습니다. 줄기와 뿌리는 말려서 한약재로 쓰거나,

뿌리를 살짝 구워서 가루를 만들어 끓이면 맛있는 커피가 됩니다. 갓 난 새싹은 우리 몸에 좋은 차를 만들기도 합니다. 양봉을 하는 사람들은 벌이 민들레꽃을 좋아한다고 합니다. 그래서 벌을 키우면 질 좋은 꿀을 얻을 수도 있습니다.

흔하다고 해서 그것의 가치까지 평범한 것은 결코 아닙니다. 민들레는 어디서든지 만날 수 있지만, 여러 모로 유용한 식물입니다. 우리는 삶 속에서도 평범하고 흔한 것들을 자주 접합니다. 그럴 때마다 우리는 평범함에 가려진 소중함을 확인할 수 있어야 합니다(롬 1:20). 그것이 가능한 인생은 즐거울 수밖에 없습니다.

 선행의 유전

메넌이라는 사람이 공무원이 되려고 인도 뉴델리에 도착했습니다. 그런데 그는 기차역에서 소지품을 모두 도둑맞았습니다. 뜻을 이루지도 못하고 걸어서 고향까지 돌아가야 할 처지가 되었습니다. 생각지 못한 낭패를 본 그는 어느 시크교도 노인을 찾아가서 사정을 설명하고 일자리를 구할 때까지 연명할 수 있게 15루피만 빌려달라고 부탁했습니다. 노인은 두 말 없이 돈을 내주었고, 나중에 빚을 갚을 수 있게 주소를 알려달라는 메넌의 요구는 모른 척 했습니다. 메넌은 이 빚을 결코 잊지 않았고, 자선을 베푸는 것으로 유명해졌습니다.

수필가로 유명한 로버트 풀검 역시 봄베이 공항에서 잔돈이 다 떨어지는 낭패를 겪었습니다. 수수료를 내지 못해서 짐을 찾지 못하는 그를 대신해서 어느 낯선 이가 비용을 지불했습니다. 어찌 해야 빚을 갚을 수 있는지 묻자 메넌의 이야기를 들려주었습니다. 그의 부친이 메넌의 보좌관이었다는 사실과 함께 말입니다.

선행은 유전합니다. 그래서 누군가에게 도움을 베풀면 결국 스스로에게 그 열매가 돌아오기 마련입니다. 그래서 신앙의 조상들은 선행을 전해 듣기만 해도 본받아야 한다고 조언합니다. 하나님을 의지하고 선을 행하면, 하나님은 소원에 응답하십니다(시 37:3-5).

 # 입조심

수다쟁이 여인이 있었습니다. 그녀는 자신의 버릇을 고치려고 랍비를 찾아갔습니다. 그녀는 자신의 수다 때문에 가정과 마을에 분란이 일어나기 일쑤라고 말하면서 도움을 청했습니다. 그러자 랍비는 촛불을 하나 켜고서 수다쟁이 여인에게 물었습니다.

"당신은 초의 불꽃을 어떻게 사용합니까?"

"그야 그대로 내버려두지요."

랍비가 고개를 끄덕이며 말했습니다.

"혀도 마찬가지입니다. 당신이 혀를 올바르게 사용하는 것은 그것을 사용하지 않는 것이랍니다."

입은 사람을 상하게 하는 도끼라는 옛말이 있습니다. 말 한 마디로 사람을 살릴 수도, 해칠 수도 있기 때문입니다. 야고보 역시 "만일 말에 실수가 없는 자라면 곧 온전한 사람이라"(약 3:2)라고 말했습니다. 우리는 대개 하루에 18,000개의 낱말을 구사합니다. 말할 때마다 실수하지 않게 노력할 필요가 있습니다. 남을 헐뜯고, 비방하고, 또 정확하지 않은 사실을 거침없이 전하게 되면 반드시 상처를 입는 이들이 생겨납니다. 존중하고, 경청하고, 칭찬하면 분란은 사라집니다.

 부르심

젊은이가 구세군의 창설자 윌리엄 부스를 찾아왔습니다. 젊은이의 얼굴은 실망하고 지친 기색이 역력했습니다.

"사령관님, 저는 앞으로 무엇을 하면서 살아야 할지 모르겠습니다. 한 번도 하나님의 부르심을 받은 적도 없으니 말입니다."

윌리엄이 넓은 어깨를 꼿꼿이 편 채 그 젊은이를 뚫어져라 바라보면서 말했습니다.

"뭐라고? 자네 지금 한 번도 부르심을 받은 적이 없다고 했는가?"

흥분한 그의 음성이 떨렸습니다.

"마가복음 16장 15절에 '너희는 온 천하에 다니며 만민에게 복음을 전하라'고 하신 말씀과 요한복음 15장 16절의 '내가 너희를 택하여 세웠나니 이는 너희로 가서 열매를 맺게 하고…'라는 말씀을 자네는 한 번도 읽어보지 못했다는 말인가?"

젊은이는 그에게 아무 말도 할 수 없었습니다.

우리는 둘 중에 하나입니다. 복음을 전하도록 부르심을 받았거나 그 대상입니다. 하나님이 주신 응답의 일부이거나 아니면 하나님이 해결해야 할 문제의 일부입니다. 그리고 하나님 나라의 보배이거나 아니면 하나님 나라의 부담입니다.

하나 됨

2차 세계대전 중에 수많은 그리스도인들이 히틀러 정권이 세운 감옥과 수용소에 수감되어 고통을 겪었습니다. 마틴 니오뮬러라는 독일인도 마찬가지였습니다. 그는 독방에 수감되었습니다. 그러다가 성탄절에 다른 세 명의 그리스도인 죄수가 있는 감방으로 옮겨졌습니다. 그 가운데 한 명은 구세군 출신이었고, 한 명은 오순절, 그리고 나머지 한 명은 감리교인이었습니다. 니오뮬러 자신은 독일 자유 복음주의 교회 소속이었습니다. 그들은 폭격을 받아서 불타 버린 문 조각을 발견하고서 성찬 탁자로 사용했습니다. 그들은 자신들이 매일 받는 검은 빵과 물을 가지고 주님이 베푸신 최후의 만찬을 기념했습니다. 니오뮬러는 나중에 감옥에서 풀려난 뒤에 이렇게 회고했습니다.

"우리가 그 차가운 돌 마루 위에 같이 무릎 꿇고 엎드렸을 때 우리의 신학적 차이는 눈 녹듯이 사라졌다."

시야를 좁히면 그리스도인이라고 해도 각기 다른 신학적 특징이 드러나기 마련입니다. 그것들이 모아져서 형성된 게 교파입니다. 하지만 거리를 두고 전체를 바라보면 차이보다는 공통점이 더 두드러지기 마련입니다(골 3:15). 그리스도 예수의 모습만 보이기 때문입니다. 우리의 믿음의 대상은 그리스도입니다.

 인생의 해안

스승과 제자가 해변을 거닐었습니다. 제자가 스승에게 물었습니다.

"모든 인간들이 거룩해져야 합니까?"

스승이 바다를 보며 말했습니다.

"저 파도를 보아라. 아무리 멀리 떨어져 있다고 하더라도 결국에는 해변에 다다라서야 잦아들지 않느냐? 이와 마찬가지로 모든 사람들은 하나님의 부르심을 발견해야만 한다. 인생의 거룩한 해안을 말이다."

삶의 방향은 분명해야 합니다. 근거가 확실해야 합니다. 방

향과 근거를 잃어버린 삶은 공허할 수밖에 없습니다. 모두 소유한 듯해도 빈손입니다. 많이 배운 것 같아도 허전할 수밖에 없습니다. 하나님은 우리의 삶의 방향과 근거가 되십니다(전 12:1). 그래서 북아프리카의 히포에서 감독을 지낸 아우구스티누스는 이렇게 고백했습니다. "우리 마음이 당신 안에서 쉴 때까지는 편안하지 않습니다."

 세상을 사는 법

낙관주의자와 비관주의자가 허술한 오두막에 살고 있었습니다. 금세 그칠 것 같던 빗줄기가 점점 더 굵어지더니 한동안 계속해서 내렸습니다.

비관주의자가 우울한 음성으로 말했습니다.

"창밖을 좀 봐. 비가 내리고 있어. 마치 내 우울한 마음을 알기나 하는 듯 눈물을 흘리고 있어."

낙관주의자는 친구의 침울한 음성을 듣고도 기쁨에 겨워서 소리쳤습니다.

"여보게, 저기 비를 좀 보라고! 정말 아름답지 않나? 정말 아름다워! 마치 하늘에서 다이아몬드가 떨어지는 것 같다니까!"

우리가 인생에서 겪는 모든 일들은 자신에게서 시작된 것입니다. 내가 소유하고 있는 것, 그리고 소유하기를 바라는 모든 것들에 대해서 절대적으로 감사하는 마음을 갖는 게 중요합니다(엡 5:4). 절대적으로 감사하는 순간에 우리의 감정, 생각, 그리고 세계관이 모두 바뀌고, 그러면 우리가 예상하지 못한 놀라운 일을 목격하게 됩니다.

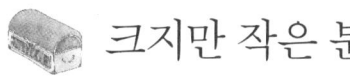 크지만 작은 분

　　　　　　　　18세기 영국의 유명한 사상가
였던 앤소니 콜린즈(Anthony Collins)가 주일 아침에 교회로 향하는 노동자에게 물었습니다.

"저 예배당에 사시는 하나님은 도대체 체격이 어느 정도나 되시는 거요?"

우뚝 솟은 교회를 한껏 비웃을 심사였습니다.

노동자는 콜린즈에 비해서 무척이나 남루한 옷차림이었지만, 그의 질문에 정색하면서 대답했습니다.

"보세요. 하나님은 저 하늘도 수용하지 못할 정도로 크신 분입니다."

그러고 나서 말을 이었습니다.

"그리고 지금, 이 내 작은 심장에 들어와 계실 만큼 아주 작은 분이십니다." 배운 게 없는 그 노동자의 대답에 콜린즈는 아무 말도 할 수 없었습니다.

기독교에 대한 비난이 드셉니다. 형식적인 신앙을 문제 삼습니다. 예수는 괜찮지만, 교회가 문제라고 말합니다. 들으면 무척 아픈 이야기지만, 그럴 만한 빌미를 준 게 사실이니 긍정할 부분도 적지 않습니다. 사실, 세상이 그리스도인들의 잘못을 질타하는 것은 문제가 되지 않습니다. 그것에 대처하는 그리스도인의 자세가 문제입니다. 지금껏 우리는 세상과 타협하면서 적당히 살아왔는지도 모릅니다. C. S. 루이스는 말합니다. "치명적인 실패는 오직 하나, 완전을 포기하고 그 이하에 안주하는 것이다"(레 11:45).

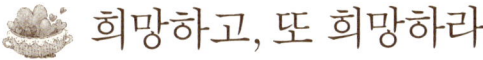 희망하고, 또 희망하라

　　　　　　　　　　윌리엄 부스는 감리교 신파와 결별하고 구세군을 창설했습니다. 모든 매스컴이 부스를 비난하고 나섰고, 그를 반대하는 사람들은 부랑자를 동원해서 전도처를 파괴하거나 고소를 일삼았습니다. 일정한 장소에 거처를 정하지 못하고 이곳 저곳 교회를 돌아다니면서 부흥회를 인도하는 부스를 상대로 대부분의 교회들이 문을 굳게 닫아걸었습니다. 부스 부부는 감리교를 떠난 지 4년이 되었어도 몸을 쉴 수 있는 주택이 없었습니다.

　그런 어려움이 계속되자 부스의 아들 브람웰이 아버지에게 말했습니다.

"이런 식으로 예수님을 믿어야 합니까? 남들처럼 조금 더 쉽고 편하게 믿고 싶습니다."

그러나 부스는 조금도 흔들림이 없었습니다.

"얘야, 십자가의 결과는 갈보리에서 나타나지 않는 법이다. 50년이 지난 뒤에는 우리 운동이 하나님의 뜻이었다는 것을 사람들이 인정하게 될 것이다."

아는 대로, 그의 확신은 현실이 되었습니다.

현실의 부정적인 경험은 우리의 발목을 붙잡습니다. 용기를 갖지 못하게 하고 갈등하게 만듭니다. 하지만 희망은 우리의 믿음을 유지시키는 힘이 되어줍니다. 희망 때문에 우리는 미래로 나가게 되고, 사랑을 실천할 수 있습니다. 그리스도는 우리에게 희망하는 진정한 모습을 보여주셨습니다. 그 어떤 절망도 십자가 너머에 있는 희망을 꺾지 못합니다(롬 8:31).

아버지의 믿음

《기독교 인명사전》을 편집한 윌리엄 스티저 목사가 미국 중서부의 시골 교회에서 설교할 기회를 얻었습니다. 그곳에는 은퇴한 선교사가 있었는데, 스티저는 그에게서 새로운 선교담을 발굴하려고 계속해서 말을 걸었습니다. 그런데 노 선교사는 자신의 일화는 하나도 소개하지 않고, 아들 이야기만 했습니다. 아들 헨리는 이미 성인이었지만 일정한 직업도 없이 떠도는 문학청년이라서 자랑할 게 없는 사람이었습니다. 그러나 아들에 대한 선교사의 믿음은 확고했습니다. 어느 날 아들에게서 편지가 당도했습니다. 잡지를 발행할 계획이니 돈이 있는 대로 보내달라는 내용이었습니다. 아버지는 두 말 없이 선교사 생활을 하면서 푼푼이 모아둔 600달러를 송금했습니다. 그 돈은 노 선교사의 전 재산이었습니다. 그러나 누구도 몰랐습니다. 그 600달러가 '타임'과 '라이프,' 그리고 '포춘'이라는 굴지의 잡지를 창간하는 종자돈이 되리라는 것을 말입니다. 그 아들은 '타임'의 창업자 헨리 루스(Henry Luce)였습니다.

부모의 사랑은 눈물겹습니다. 누구도 신뢰하지 않는 상황에서도 부모는 자식을 믿도록 프로그래밍이 되어 있습니다. 심지어 자식이 부모를 부정하는 잘못을 범해도 그런 자세는 달라지지 않습니다. 그게 바로 부모의 모습입니다. 하나님도 그렇습니다. 아버지 되시는 하나님은 잊지 않으시려 우리를 손바닥에 새기십니다(사 49:16).

 미래를 바라보라

1870년 감리교 대표들이 인디아나 주에서 연차 총회를 진행하고 있었습니다. 감독 회장 라이트는 한 분과위원들에게 당시 상황을 해석하는 일을 맡겼습니다. 총회에 장소를 제공한 대학교의 총장이 자신의 의견을 제시했습니다.

"우리는 아주 흥미진진한 세상에 살고 있습니다. 우리는 상상할 수 없는 발명품들이 등장하는 세계로 들어서고 있습니다. 나는 우리 모두가 새처럼 공중을 날게 되리라고 믿습니다!"

감독 회장이 아주 불쾌한 표정으로 말했습니다.

"저 주장은 이단입니다. 신성모독입니다. 성경에는 천사만

이 날 수 있다고 했습니다. 우리는 이 신성한 총회에서 저런 발언을 하도록 허용해서는 안 됩니다."

총장은 어쩔 수 없이 자신의 두 아들과 함께 고향으로 돌아가야 했습니다. 총장의 어린 두 아들은 오빌과 윌버 라이트 형제였습니다.

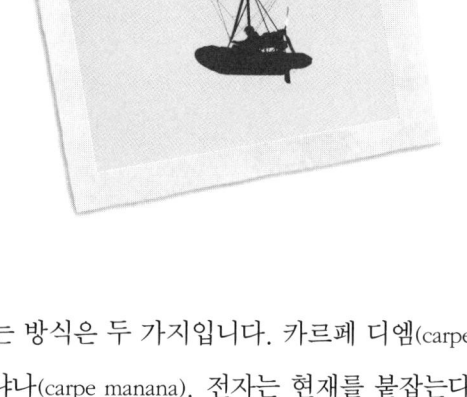

세상을 살아가는 방식은 두 가지입니다. 카르페 디엠(carpe diem)과 카르페 마냐나(carpe manana). 전자는 현재를 붙잡는다는 뜻이고, 후자는 미래를 붙잡는다는 뜻입니다. 현재를 붙잡는 것에 만족하다보면 미래는 영영 우리와 무관합니다. 시선을 하나님이 붙잡고 계시는 미래에 고정해야 합니다(시 31:15). 그래야 미래가 우리의 몫이 되고, 라이트 형제처럼 하늘을 날게 됩니다.

기적을 부르는 작은 행동

　　　　　　　　　　　　2차 세계대전이 일어나기 전에 빌레스터라는 순회 선교사가 폴란드의 작은 마을을 방문했습니다. 빌레스터는 한 주민에게 성경을 주었는데, 전해 받은 사람은 성경을 읽고 거듭났습니다. 이 사람은 다시 이웃 주민에게 성경을 건넸습니다. 그렇게 해서 한 권의 성경이 돌고 돌아 200명의 사람들이 예수님을 믿게 되었습니다. 1940년 빌레스터가 돌아왔고, 그의 설교를 들으려고 마을 사람들이 모였습니다. 그는 예수를 새로 믿는 사람들에게 대개 간증을 요구했는데, 이때는 특별히 성구를 외우게 했습니다. 한 사람이 물었습니다.

"무슨 말씀인지 잘 모르겠습니다. 구절입니까 아니면 장을 말씀하는 겁니까?"

마을 사람들에게 성구 암송은 몇 구절을 발췌하는 것이 아니라 장이나 책 전체를 의미했습니다. 주민 가운데 13명이 마태복음과 누가복음, 그리고 창세기 절반을 암송했고, 나머지 사람들은 시편을 통째로 암송했습니다. 빌레스터가 건넨 단 한 권의 성경 때문에 일어난 일이었습니다.

우리의 행동은 크건 작건 간에 어떤 변화를 초래합니다. 믿음의 세계도 마찬가지입니다. 믿음을 실천하는 작은 행동이 기적을 가져오기도 합니다. 하나님이 우리의 행동을 지렛대로 활용하시기 때문입니다. 덕분에 우리는 세상을 변화시킬 수 있습니다(약 2:24).

희망은 우리의 믿음을 유지시키는 힘이 되어줍니다

A Cup of Espresso at the Soul Cafe
그리고 지금, 행복하세요?

PART 3
행복하세요?

 인정하라

스미소니언박물관은 링컨이 암살된 그날 밤에 소지한 물건 몇 가지를 지금껏 소장하고 있습니다. 소지품은 이렇습니다. 연방정부가 발행한 5불짜리 지폐, 깃펜을 자르는 데 사용하는 칼, 면으로 만든 끈이 달린 깨진 안경지갑, 그리고 손때가 잔뜩 낀 대통령에 관한 기사 조각. 그 기사는 이렇게 시작되었습니다. "링컨은 가장 위대한 정치가 가운데 한 사람이다…." 링컨 대통령도 자신이 국민들이 희망하는 지도자라는 것을 인정받고 싶어 했던 것입니다.

인정받고 싶은 것은 누구에게나 공통된 욕구입니다. 지위가 높고, 부를 축적해도 남에게서 자신의 존재를 확인받으려고 하는 것은 동일합니다. 예수님은 그것을 잘 아셨습니다. 그래서 나다나엘이 찾아오자 "이는 참으로 이스라엘 사람이라"고 말씀했습니다(요 1:47). 나다나엘은 무화과나무 밑에서 더위를 피하는 자신을 이미 눈여겨보시고, 인정해주시는 주님의 부르심을 따르지 않을 수 없었습니다. 주변을 인정하고 격려하면 진정한 벗을 얻습니다.

궁극적 관심

시골에 사는 사람이 도시에 사는 친구를 방문했습니다. 도시 사람은 시골 친구에게 대형 백화점을 보여주려고 번화한 중심가로 데려갔습니다. 사람들이 정신없이 길을 오가는 대로에서 시골 친구가 말했습니다.

"귀뚜라미 소리가 들리는걸."

그러자 친구가 그를 비웃었습니다.

"정신없군. 이렇게 소란스러운데 어찌 귀뚜라미 소리가 들린다는 건가? 그럴 리 없네." "하지만 사실인 걸 어쩌겠나."

시골 사람이 영 믿지 못하겠다는 친구의 얼굴을 바라보면서 말했습니다.

"그렇다면 내가 보여주지."

그러고 나서 동전 한 개를 보도에 떨어뜨렸습니다. 그러자 길을 오가는 사람들의 시선이 순식간에 동전이 떨어진 쪽으로 쏠렸습니다. 시골 사람이 친구에게 말했습니다.

"봤나? 사람들은 귀에 익숙한 소리를 잘 듣지. 내 귀는 귀뚜라미에 익숙하거든."

사람들마다 궁극적 관심을 갖고 있습니다. 그것은 물질적이거나 권력처럼 눈에 보이지 않는 것일 수 있습니다. 그런 관심이 우리의 삶과 행동을 규정합니다. 궁극적 관심은 복종을 요구하기 때문입니다. 그러니 물질을 좇으면 물질에, 권력을 좇으면 권력에 사로잡힐 수밖에 없습니다. 우리 그리스도인들에게 궁극적 관심은 하나님입니다. 우리가 하나님의 뜻에 사로잡혀야 할 이유가 바로 거기에 있습니다(살전 4:3).

 요나의 후예들

1951년 미국의 유명한 코미디언 레드 스켈턴(Red Skelton)이 영국 공연을 위해서 동료들과 함께 비행기에 몸을 실었습니다. 비행기가 알프스 산맥을 지나는 순간 엔진 가운데 3개가 멈췄습니다. 상황은 절망적이었습니다. 승객들은 자리에 앉은 채 기도하기 시작했습니다. 스켈턴은 줄지어 늘어선 산들이 점점 더 가까워지는 위급한 상황에서 승객들을 안심시키려고 애를 썼습니다. 추락 직전에 조종사가 기지를 발휘해서 비행기는 안전하게 비상착륙을 할 수 있었습니다. 크게 안도한 스켈턴이 기내를 둘러보며 말했습니다.

"승객 여러분, 여러분들은 20분 전에 포기했던 악한 습관으로 돌아가도 좋습니다."

　조금은 냉소적인 일화입니다. 극한적인 상황에 직면하면 누구든지 절대자를 찾게 되지만, 그때뿐이라는 이야기입니다. 요나 역시 그랬습니다. 큰 물고기 뱃속에서 절대 절명의 위기를 겪을 때 요나는 간절하게 회개의 기도를 했습니다. 그렇지만 상황이 바뀌자 과거의 모습으로 돌아가고 말았습니다(욘 4:1). 우리 역시 동일한 잘못을 범할 수 있습니다. 우리는 일상에서 요나의 행동을 반복하고 있지는 않은지 살펴보아야 합니다.

일의 기쁨, 그리고 슬픔

부유한 사업가가 배 옆에서 한가하게 쉬고 있는 어부에게 물었습니다.

"어째서 고기를 잡지 않으세요?"

"오늘 필요한 것은 모두 잡았기 때문이오."

어부가 말했습니다.

"필요 이상으로 고기를 잡아야 하지 않습니까?"

"어째서요?"

어부가 물었습니다.

"그래야 돈을 벌고, 더 좋은 배를 구입해서 더 깊은 바다로 가서 더 많은 고기를 잡을 수 있지 않습니까. 나일론 그물을 사서 더 많은 고기를 잡고, 그래야 더 많은 돈이 들어오지요. 그러면 얼마 지나지 않아서 배를 여러 척 거느리고 나처럼 부자가 될 겁니다."

어부가 물었습니다.

"그리고서는 무엇을 합니까?"

"그야 앉아서 인생을 즐기는 것이지요."

사업가는 당연한 듯 말했습니다.

"그러면 당신이 보기에 내가 지금 무엇을 하고 있는 중이오?"

어부는 느긋하게 바다 쪽을 바라보면서 물었습니다.

중세 유럽에서는 게으름을 요즘과는 판이하게 정의했습니다. 당시 사람들은 게으름을 '겨를 없음,' 즉 한가로움을 즐길 수 있는 능력이 없는 것으로 받아들였습니다. 게으름은 일을 위해서 온갖 시간을 다 바치는 것이었습니다. 게으름은 하나님 품속에 안긴 정신적인 평안의 반대말입니다(민 6:26).

 # 몸으로 하는 설교

　　　　　　　　　　　　　1800년대 후반부터 1900년대 초반까지 영국의 대표적인 설교자 알렉산더 화이트(Alexander White)는 에든버러 지역의 대형교회에서 목회를 했습니다. 그 시기에 릭비라는 이름의 외판원이 설교를 들으러 정기적으로 교회를 찾았습니다. 그는 정식으로 등록하지 않고 예배를 드렸지만, 가끔 동료 외판원을 예배에 초대하기도 했습니다.

　　어느 주일 아침 릭비는 함께 마차를 타고 가던 사람에게 예배의 참석을 권유했습니다. 그는 주저하다가 승낙했고, 화이트 목사의 설교를 듣고 그리스도를 영접했습니다. 다음 날 우연히 화이트 목사의 사택 부근을 지나던 릭비는 능력 있는 설교의 비결을 알고 싶어서 문을 두드렸습니다. 화이트는 릭비라는 이름을 듣자 깜짝 놀라면서 말했습니다.

"오랫동안 당신을 찾았습니다!"

그는 서재로 가서 편지 한 묶음을 가져 나왔습니다. 한결같이 설교를 듣고 삶이 변화되었다는 내용이었습니다. 화이트 목사가 말했습니다.

"이들 모두가 당신의 전도를 받은 사람들이랍니다."

변화를 부르는 메시지는 말보다는 행동과 경험으로 더 잘 전달됩니다. 무엇 하나 내세울 게 없는 젊은이들이 예수님의 제자들이 될 수 있었던 것은 그분과 동고동락하며 삶을 지켜보았기 때문입니다. 그것을 너무 잘 아시는 예수님이 처음 만난 제자들에게 건넨 첫 말씀도 "와서 보라"였습니다(요 1:39). 오늘, 내 모습은 누군가에게 강력한 메시지가 될 수 있습니다.

 믿음을 파는 노인

폴란드 지역의 유대인들이 공포에 떨었습니다. 이미 다른 지역에서 유대인을 탄압한다는 소식을 전해들은 그들에게도 나치의 손길이 미치고 있었습니다. 마을 사람들은 하루하루 눈에 띄게 생기를 잃어갔습니다. 밖에서 힘차게 뛰어 놀던 아이들은 자취를 감추었습니다. 짐을 꾸려서 떠나는 사람들도 적잖이 늘어갔습니다.

그때 시장 한구석에 아무 것도 갖추지 않은 빈 목판에서 물건을 파는 노인이 나타났습니다. 시장을 오가는 부인이나 아이들이 궁금한 듯 물었습니다.

"할아버지, 빈 목판에 앉아서 무엇을 파시는 거예요?"

할아버지는 그럴 때마다 웃음을 지어 보이면서 대답했습니다.

"이 할아버지는 믿음을 팔아. 믿음을 판다고!"

사람들은 그런 할아버지를 보며 희망과 용기를 되살릴 수 있었습니다.

믿음은 눈으로는 볼 수 없어도, 그 무엇보다 강력합니다. 믿음은 용기를 갖게 하고, 희망을 놓지 않게 합니다. 우리가 믿음의 불꽃을 꺼뜨리지 않고 계속 불씨를 살리면 반드시 기대하는 순간을 맞이하게 됩니다. 주님은 우리에게 말씀하십니다. "나의 의인은 믿음으로 말미암아 살리라 또한 뒤로 물러가면 내 마음이 그를 기뻐하지 아니하리라"(히 10:38).

 도움이 필요하다

뉴턴을 모르는 이들은 없습니다. 뉴턴은 중력법칙을 1600년대에 새로 도입했습니다. 그것은 천문학의 혁명이었습니다. 그런데 에드먼드 핼리(Edmond Halley)가 아니었으면 뉴턴도 있을 수 없었다는 사실을 아는 사람은 드뭅니다. 뉴턴으로 하여금 자신의 생각을 바꾸도록 도전한 이가 바로 핼리였습니다.

핼리는 뉴턴의 수학적 오류를 바로잡았을 뿐만 아니라 그의 이론을 뒷받침하는 기하 계산을 제공했습니다. 핼리는 또 뉴턴이 자신의 위대한 저서 《자연 철학의 수학 원리》를 집필하도록 격려했고, 그 책의 편집과 출판을 총지휘했습니다. 얼마 지나지 않아 뉴턴에게 사람들의 관심이 집중되었고, 핼리는 그 명성에 묻혔습니다. 그는 뉴턴의 원리를 혜성의 궤도와 귀환에 응용했고, 그래서 그의 이름을 딴 혜성이 생겨났습니다. 그러나 그것 역시 그의 사후에 이루어졌을 뿐입니다. 그 혜성의 주기가 76년이기 때문입니다.

누군가 정상에 서려면 뒷받침이 필요합니다. 때문에 내로라하는 인물 뒤에는 그런 위치에 오르기까지 수고를 아끼지 않은 이들이 반드시 있기 마련입니다. 뉴턴에게는 핼리가 배경이 되어주었습니다. 세상은 정상에 오르는 것만 인정하지만, 그곳에 도달하려면 작은 계단이 필요합니다(전 4:9). 최고가 되도록 희생을 자처하는 이들이 있는 사람은 행복합니다. 하지만 그들을 기억하는 사람은 더 행복합니다.

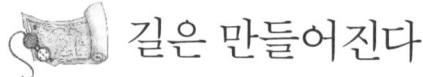 길은 만들어진다

위대한 인도 선교사 스탠리 존스(Stanley Jones)의 동료가 아프리카 밀림에서 길을 잃고 말았습니다. 어떤 경계표지나 사람들이 지나다닌 흔적을 찾을 수 없었습니다. 그는 오랫동안 헤매고 돌아다니다가 원주민이 사는 작은 오두막에 겨우 도착했습니다. 그가 원주민에게 밀림 밖으로 안내해줄 수 있는지 물었습니다. 원주민은 고개를 끄덕이더니 선교사에게 따라오라고 손짓했습니다. 원주민은 뒤도 돌아보지 않고 숲속으로 향했고, 선교사는 그의 뒤만 바라보면서 걸었습니다. 한 시간을 넘게 걸었지만 숲은 온통 풀과 넝쿨 식물뿐이었습니다.

선교사는 걱정이 되기 시작했습니다.

"이 길이 분명하오? 도무지 길이라고는 보이지 않는데."

원주민은 계속 걸으면서 웃음을 터뜨렸습니다.

"브와나, 여기는 길이 없습니다. 우리가 가는 게 바로 길입니다."

어떤 길도 처음부터 존재하지 않았습니다. 누군가 앞서 가서 그 뒤를 따르는 사람들이 생겨나게 되고, 그렇게 해서 길은 만들어집니다. 그러니 우리는 길이 보이지 않는다고 두려워할 이유가 없습니다(신 31:6). 바로 지금, 길이 만들어지고 있기 때문입니다. 우리가 걱정해야 할 일은 한 가지뿐입니다. 나는 누구와 그 길을 동행할까?

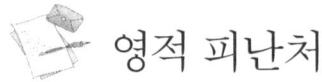 영적 피난처

물거미는 비록 작지만, 대단한 능력을 발휘하는 동물입니다. 잠수부라고도 불리는 이 거미는 다른 종류의 거미들과는 달리 지상이 아니라 물에서 생활하는 지구상 하나뿐인 희귀종입니다. 큰 것이라야 고작 1.5센티미터에 불과한 이 작은 거미가 수중 환경에서 살아가는 비법은 이렇습니다. 먼저, 물거미는 배 부분에 공기주머니를 만들고 물 밖으로 내밀어서 그 크기를 불려나갑니다. 거듭되는 동작을 통해서 적당한 크기의 공기주머니가 완성되면, 거미줄을 이용해서 그것을 수중식물이나 돌 같은 물체에 단단히 부착시킵니다. 그리고는 그 안에서 안전하게 살아갑니다.

우리 그리스도인들 역시 마찬가지입니다. 우리가 살고 있는 이 세계에는 영적 생활을 위협하는 것들이 적지 않습니다. 만일 스스로 보호하지 않으면 우리의 믿음은 쉽게 깨져 버리고 맙니다. 우리는 작은 물거미에게서 커다란 영적 지혜를 얻을 필요가 있습니다. 우리는 성경공부, 기도, 친교, 성령님과의 교제, 그리고 하나님께 대한 신뢰를 가지고서 영적인 물방울을 만들어두어야 합니다. 우리는 그 안에서 위기를 피하고 안전하게 영적 생활을 계속할 수 있습니다(시 16:8, 9).

 # 감사하라

과학자들에 따르면 사막에 사는 관목 가운데는 폭풍우가 밀려오면 일부러 씨앗에 상처를 입게 하는 종류가 있다고 합니다. 그 씨앗은 뜨거운 햇빛에 수분을 뺏기지 않도록 두꺼운 껍질에 싸여 있습니다. 덕분에 계절이 몇 번씩 바뀌더라도 싹을 낼 정도의 환경이 아니면 발육을 멈춘 채 지낼 수 있습니다. 마침내 오랫동안 기다리던 폭풍우가 밀려와서 많은 비가 내리면 씨앗들은 갑자기 불어난 물에 휩쓸리게 됩니다. 씨앗들은 모래나 돌과 계속해서 부딪치면서 비탈로 쓸려내려 갑니다. 그러다가 땅이 움푹 패어서 습기를 머금은 곳에 도달할 때쯤 되면 씨앗의 껍질은 온통 상처투성입

니다. 그제야 비로소 씨앗은 껍질에 난 상처를 통해서 수분을 흡수하고 성장하기 시작합니다.

    우리는 기대합니다. 우리의 삶을 혼란스럽게 만드는 것들이 완전히 사라지기를. 우리의 앞길을 가로막는 사소하고, 귀찮고, 장애가 되는 것들을 더 이상 만나지 않기를. 우리에게 늘 아픔과 상처를 남기는 일을 더 이상 경험하지 않기를. 이런 기대를 현실로 만들기 위해서 어느 때는 허겁지겁 시간을 보내기도 합니다. 하지만 나중에 깨닫고 감사하게 됩니다. 혼란과 귀찮음과 아픔과 상처가 자신의 삶 자체였다는 것을 말입니다(대상 16:34).

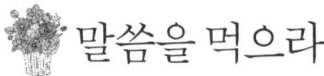 말씀을 먹으라

반추하는 동물들은 여러 개의 위를 가지고 있습니다. 그래서 처음 먹이를 먹을 때는 대충 씹어서 삼킵니다. 그러다가 어느 정도 시간이 지나면 다시 위에서 끄집어내서 천천히 씹어서 되새김질을 합니다.

네비게이토 선교회를 이끌던 짐 다우닝은 인도에서 오래 살았던 자신의 친구 휴버트 미첼 박사의 경험담을 언젠가 이렇게 소개했습니다. 미첼은 암소의 되새김질 습관을 관찰하고서 그 정확성에 놀랐다고 합니다. 미첼이 관찰한 암소는 정확하게 55초 간격으로 되새김질을 했습니다. 소는 첫 번째 위에서 먹이를 다시 꺼내어 55초 동안 씹어 삼키고 나서 또다시 새로운 먹이를 꺼내어 똑같은 시간 동안 씹었습니다.

대개 관심을 갖지 않는 암소의 되새김질을 굳이 관찰한 미첼의 행동은 유별날 수도 있습니다. 하지만 그 일화를 소개하는 글을 읽으면서 누군가 했던 말이 떠올랐습니다. "우리가 먹는 것이 우리가 된다." 성경을 읽고 연구한다고 그리스도인이 되는 게 아닙니다. 마치 먹을거리를 먹고 영양분을 흡수해서 활력을 얻듯이, 그리스도인은 성경을 먹음으로써 그리스도인이 될 수 있습니다. 소처럼, 우직하게 말씀을 되새김질해야 할 이유가 여기에 있습니다(겔 3:1).

 지혜의 문, 겸손

수도원을 처음 시작한 것으로 알려진 안토니우스를 만나러 많은 이들이 외진 사막으로 갔습니다. 안토니우스는 자신을 방문한 이들을 성경구절을 가지고 시험했습니다. 그가 여느 때처럼 손님들에게 성경 한 구절을 소개하고서 의미를 설명하도록 요구했습니다. 사람들은 나름대로 근거를 대면서 의미를 설명했습니다. 하지만 안토니우스의 표정은 밝아지지 않았습니다. 그리고는 그들이 정확한 의미를 모르고 있다고 평가했습니다.

요셉 압바스의 차례가 되었습니다.

"이 구절을 어떻게 설명할 수 있는가?"

안토니우스가 똑같이 물었습니다. 요셉은 모른다고 대답했습니다. 그러자 안토니우스가 환하게 웃으면서 말했습니다.

"요셉은 길을 발견했다. 자신이 모른다는 것을 인정했다."

우리는 하나님의 뜻을 완벽하게 헤아리지 못합니다. 하나님의 뜻은 너무 깊고 오묘해서 인간의 한계를 넘어설 때가 많습니다. 심지어 바울도 그랬습니다(벧후 3:15-16). 그러니 우리는 자신이 이해한 것을 하나님의 뜻으로 내세우는 잘못을 범해서는 안 됩니다. 겸손하게 한계를 인정할 때 하나님은 진정한 지혜로 인도하십니다.

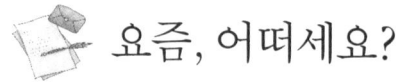 요즘, 어떠세요?

불평을 일삼는 이가 있었습니다. 누구도 그의 불평에서 벗어날 수 없었습니다. 하루는 길에서 길손을 만났지만, 그 역시 이웃에 대한 불평을 들어야 했습니다.

"살다가 그렇게 고약한 사람들은 처음입니다. 동네 사람들이 모두 그럽니다. 다른 사람들은 살필 줄 모르고, 이기적이고 탐욕스럽습니다. 무엇보다 나쁜 것은 서로 헐뜯기를 그치지 않는다는 거지요."

그와 함께 걷고 있던 길손은 천사였습니다. 천사가 물었습니다.

"그게 정말인가요?"

"아니, 내 말이 믿기지 않는다는 겁니까?"

그 사람이 되물었습니다.

"어, 저쪽에서 오고 있는 저 사내를 보세요. 저 사람의 이름은 모르지만 얼굴은 알고 있지요. 저 작고 째진 눈을 보세요. 입술에는 욕심이 가득하고, 저 축 처진 어깨로 간사하게 굽실대고 있어요. 걷는 게 아니라 살금살금 기고 있네요."

"그 모든 것을 단번에 파악하시다니 정말 똑똑하십니다."

천사가 말했습니다.

"그런데 당신이 보지 못한 게 하나 있습니다. 저것은 거울이랍니다."

누구는 가장 대답하기 곤란한 질문이 "요즘 어떠세요?"라고 합니다. 대답하기 쉽지 않는 데는 그럴 만한 이유가 있습니다. 정신없이 살다 보니 스스로를 돌아볼 시간을 갖지 못하기 때문입니다. 자신의 모습을 먼저 살피지 못하고 눈에 띄는 남의 잘못을 지적하기에 바쁩니다. 남의 잘못이나 문제가 눈에 띌 때는 먼저 스스로를 살펴야 합니다. 남의 눈에 있는 티를 빼려면 자신의 눈에 있는 들보를 일차적으로 해결하는 게 순리입니다(마 7:4).

 위대함을 바라보라

이런 일들은 요즘도 여전합니다. 1962년에 '아라비아의 로렌스'가 극장에서 처음으로 상영되자 뉴욕 타임스는 "느릿느릿 움직이는 낙타의 오페라"라고 비평했습니다. 분자구조를 해명한 뛰어난 유기 화학자 케쿨레의 벤젠 공식을 당시 대부분의 화학자들은 터무니없는 것으로 평가했습니다. 고갱의 후기인상파 작품은 그것을 불편하게 생각하는 동료들의 비난거리가 되었습니다. 세계적으로 유명한 생물 및 자연박물학자 모임인 리니언 학회의 회장은 1858년에 각종 모임들을 보고하면서 인상적인 발견이 없었다고 불만을 토로했습니다. 바로 그해에 찰스 다윈과 아서 월러스가 자연선

택에 관한 논문들을 발표했습니다.

위대한 일이 진행되고 있음에도 불구하고, 그것을 알아차리지 못하는 것은 정말 안타까운 일입니다. 언젠가 헨리 소로우는 이렇게 노래했습니다. "아침 바람은 계속 불고, 창조의 시는 어떤 간섭도 받지 않는다. 다만, 그것을 듣는 귀가 없을 뿐." 주변을 둘러보면, 위대한 일이 진행 중이라는 것을 알 수 있습니다(시 145:3).

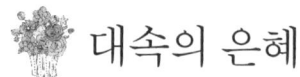 대속의 은혜

교회사에는 루터에 얽힌 일화들이 많습니다. 다음은 그 가운데 하나입니다.

하루는 마귀가 책 한 권을 들고서 루터를 찾아왔습니다.

"그게 뭐지?"

마귀가 대답했습니다.

"이것은 네 죄의 기록이다." 루터가 그 책을 보니 틀림없이 자신의 것이 분명했습니다. 그는 그것을 모두 인정했습니다.

"이게 전부인가?" 루터가 묻자 마귀가 자신만만하게 대답했습니다.

"물론, 또 있지."

"가서 가져 오게."

잠시 뒤에 마귀는 책 한 권을 들고 나타났습니다. 이번에도 루터는 인정했습니다.

"이것이 전부인가?"

마귀가 고개를 저었습니다.

"아직 한 권 더 있다."

마귀는 부리나케 사라지더니 얼마 뒤에 다시 나타났습니다.

"틀림없어. 이것도 내가 지은 죄야. 더 있는가?"

"아니, 그것이 전부다."

마귀가 의기양양하게 대답했습니다. 그러자 루터는 그 책들을 가지고 책상으로 한 장씩 넘기며 붉은 잉크로 기록했습니다. "그 아들 예수의 피가 우리를 모든 죄에서 깨끗하게 하실 것이요"(요일 1:7).

기독교의 핵심 진리는 그리스도의 대속을 믿는 신앙입니다. 우리의 연약함 때문에 죄를 범하곤 합니다. 그럴 때마다 후회하고 자신의 약함을 탓합니다. 그리스도는 그런 우리를 위해서 구속의 피를 흘리셨습니다. 덕분에 우리는 의로움을 주장할 수 있습니다. 아빌라의 테레사는 이렇게 고백합니다. "당신은 놀라운 선물로 내 죄를 심판하셨습니다."

 한계는 없다

존경받는 목회자이자 작가인 찰스 스윈돌(Charles Swindoll)이 미국 정부가 발행하는 잡지를 보다가 우연히 로널드 레이건 대통령이 집무실에서 일하는 사진을 보게 되었습니다. 책상에 앉아서 서류에 서명을 하는 모습이었는데, 책상 위에 작은 문구가 하나 있었습니다. 너무 작아 내용을 확인할 수 없던 스윈돌이 확대경으로 확인하려 했지만, 인쇄 상태가 나빠서 포기하고 말았습니다. 다음 날 스윈돌은 평소 안면이 있는 백악관 직원에게 전화를 해서 문구의 내용이 무엇인지 물었습니다. 직원의 설명은 이랬습니다.

"명성이 누구에게 돌아가건 관심이 없다면, 사람이 할 수 있는 일이나 갈 수 있는 곳의 한계는 존재하지 않는다."

    우리는 그리스도 안에서 무엇이든 할 수 있습니다(빌 4:13). 우리의 능력은 사실 무제한입니다. 그럼에도 불구하고 그것을 마음껏 발휘하지 못하는 것은 스스로 내면에 설정한 한계 덕분입니다. 무엇을 하든지 스스로 정해놓은 틀을 벗어나려고 하지 않습니다. 하지만 그것을 극복하는 순간 무엇이든 가능해집니다. 일단 자신을 구속하는 틀을 벗어나는 순간, 세상이 즐거워집니다.

기도의 원리

수도사가 원장을 찾아왔습니다.

"아무래도 더 이상 기도할 수 없을 것 같습니다. 젊어서 기도하면 마음이 더없이 포근해지곤 했습니다. 어떤 불같은 게 타올라 큰 위로를 맛보곤 했습니다. 그런데 이제는 기도해도 무미건조하고 황량할 뿐입니다."

원장이 끓는 물을 따라주면서 말했습니다. "이 끓는 물을 들이켜 보시오."

수도사는 당황했습니다.

"기도 역시 같습니다. 초보자의 기도는 늘 위안이라는 열기가 배어 있어 뜨거운 물과 같답니다. 뜨거운 물을 마실 수 없

듯이 하나님 역시 초심자들의 기도는 제대로 들이키시지 못합니다. 초보자들은 하나님 때문이 아니라 오로지 위안을 위해서 기도합니다."

수도사가 물었습니다.

"그러면 어떻게 해야 되겠습니까?"

원장이 여전한 웃음을 지어보이며 대답했습니다.

"끓는 물을 식혀야 하듯이 기도 역시 건조기를 거치면서 식게 놓아두어야 합니다. 당신이 지금 같은 상태에서 기도를 계속하면 당신의 기도는 하나님에게 더없는 기쁨이 될 수 있습니다."

기도에는 단계가 있습니다. 초보자의 기도와 믿음생활에 힘쓴 이들의 기도 수준이 같을 수 없습니다. 성숙한 꽃이 진한 향기를 발하듯이, 성숙한 믿음의 단계에 들어선 이들의 기도 역시 남다른 향기를 풍기게 됩니다. 오랜 기도는 또 다른 영적 세계로 우리를 안내합니다(엡 6:18).

 과신하지 마라

과신은 이따금씩 그릇된 결과를 낳기도 합니다. 스턴트맨으로 활동하던 바비 리치(Bobby Rich)는 1911년 7월에 특별히 설계된 쇠 드럼을 타고서 나이아가라 폭포를 건넜습니다. 리치는 위험스런 곡예를 대비해서 철저하게 준비했고, 덕분에 별다른 상처 없이 위기를 벗어났습니다. 그로부터 몇 년이 지난 뒤에 리치는 뉴질랜드의 거리를 달려가다가 오렌지 껍질을 밟고 미끄러져서 다리에 심각한 골절상을 입었습니다. 병원으로 곧 실려 갔지만 얼마 지나지 않아서 합병증으로 목숨을 잃었습니다. 안전한 상황에서 겪을 수 있는 위험에 대비하지 않은 탓이었습니다.

큰 위기는 잘 넘기면서도 별 것 아닌 일에 넘어질 때가 있습니다. 방심한 탓입니다. 시험은 아주 사소한 것을 가장하고 찾아옵니다. 그럴 때 영적으로 긴장하지 않으면 시험을 이겨낼 수 없습니다. 스턴트맨이 과일 껍질 때문에 목숨을 잃은 게 황당하듯이, 하나님의 자녀가 작은 시험에 무릎을 꿇는 것은 정상적이지 않습니다. 우리는 바울의 교훈을 마음에 새겨야 합니다. "그런즉 선 줄로 생각하는 자는 넘어질까 조심하라"(고전 10:12)

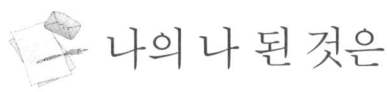 나의 나 된 것은

　　　　　　　　　　　　　　　　노예상인이었다가 회개하고 하나님에게 헌신한 존 뉴턴(John Newton)은 세상을 뜨기 전 몇 년 동안 친구와 늘 아침을 같이 먹었습니다. 식사 후에는 습관적으로 성경을 읽었습니다. 뉴턴의 시력이 점점 약해져서 친구가 성경 구절을 읽으면 그가 간단히 주해를 했습니다. 하루는 친구가 고린도전서 15장 10절("내가 나 된 것은 하나님의 은혜로 된 것이니…")을 읽었습니다. 뉴턴은 몇 분간 아무 말이 없었습니다. 그러고 나서 입을 열었습니다.

　"나는 내가 되지 못했어. 얼마나 불완전하고 결함이 많은지! 나는 내가 바라는 내가 아닐세. 내가 비록 악을 혐오하고 선과 단단히 묶여 있더라도 말일세. 나는 내가 희망한 모습은 아니지만, 곧 내 운명과 모든 죄악을 벗어버리겠지. 나는 내가 아니고, 내가 바라던 내가 아니며 또 아직 내가 희망하는 모습이 아니지만, 일찍이 죄와 사탄의 노예였던 내가 아니라는 것은 진정으로 말할 수 있네. 나는 진실로 사도와 합류하고 하나님의 은혜로 내가 나 되었음을 인정할 수 있네."

'어매이징 그레이스'를 작사한 존 뉴턴은 하나님의 은혜가 얼마나 큰지 직접 온몸으로 경험했습니다. 그는 인생의 밑바닥에서 만난 하나님과 그 은혜를 전하려고 늘 힘썼습니다. 그리고는 자신은 그럴 만한 자격이 없는 존재라고 스스로를 낮췄습니다. 지금 우리가 우리 될 수 있는 것도 역시 하나님의 은혜입니다. 이것을 깨닫는 게 별것 아닌 것처럼 보일 수도 있지만, 그것이 믿음과 불신을 가르는 경계가 됩니다.

 동행

소나무는 본디 산성을 띠는 땅에서 아주 잘 자라납니다. 그렇지만 농지에서도 자랄 수 있기 때문에 방풍용으로 밭이나 잔디밭, 혹은 조경을 위해서 공원에 일부러 심기도 합니다. 소나무는 그런 환경에 적응할 수 있습니다. 그리고 더 나가서 소나무는 성장을 하기 시작하면서 자신에게 적합한 환경으로 만들어버립니다. 솔잎이 다 자라서 땅에 떨어지면 주변은 서서히 산성을 띠어가기 시작합니다. 그러면 그 일대의 풀이나 관목들은 죽거나 성장이 늦어지게 됩니다. 소나무 숲에 잡초나 관목이 자라지 않는 것은 그 때문입니다.

우리 그리스도인들이 풍성한 삶을 살기 위해서는 그것을 가능하게 할 수 있는 환경이 무엇보다 중요합니다. 믿음이 좋은 동료는 믿음생활의 발전을 위해서 반드시 필요한 존재입니다. 그런 이들을 통해서 믿음생활의 원리와 영적 교훈을 얻을 수 있습니다. 반면에 믿음에 해로운 친구들도 있습니다(잠 13:20). 그들은 마치 소나무가 주변을 산성화시키듯이 영적 생명력을 서서히 앗아갑니다. 지금, 누구와 동행하고 있습니까?

어찌할 수 없는 즐거움

오래 전에 루마니아의 목사 리처드 범브란트(Richard Wurmbrand)는 복음을 전했다는 이유로 14년간 옥살이를 해야 했습니다. 범브란트 목사는 척추가 부러지고 칼과 불로 고문을 당해서 온몸 곳곳에 깊은 상처를 입었지만, 신앙을 포기하지 않았습니다. 그는 자신을 괴롭히는 이들에게 이렇게 말했습니다.

"나는 이 감옥에서 추위와 배고픔을 겪더라도 매일 밤 흥에 겨워서 춤을 춘다."

이 시기에 범브란트는 자신이 체포되기 전에 그리스도에게로 인도했던 동료를 감옥에서 만났습니다. 범브란트가 물었습니다.

"내가 자네를 그리스도께 인도한 것 때문에 화가 나지 않는가?"

그는 대답했습니다.

"목사님이 그리스도께 인도하신 것에 대해서 어찌 말로 감사를 전할 수 있겠습니까? 나는 결코 다른 길로 가지 않을 것입니다."

그리스도를 믿는 즐거움은 다른 무엇과도 비교할 수 없습니다. 그것은 때와 장소가 달라진다고 해서 결코 변하는 법이 없습니다. 1세기 이후로 그리스도인들이 목숨과 신앙을 맞바꾼 것도 그런 즐거움을 포기할 수 없었기 때문입니다. 믿음이 주는 즐거움을 주변에 있는 이들에게 알려야 할 이유가 바로 거기에 있습니다(행 1:8).

 함께 울어라

유진 피터슨(Eugene Peterson)은 이렇게 말합니다.

눈물은 하나님이 주신 생물학적 선물이다. 그것은 정서적이고 영적인 경험을 표현하는데 사용되는 물리적 수단이다. 하지만 그것과 경험이 어떻게 연계되는지 파악하는 것은 쉽지 않다. 우리가 눈물에 집중하면 자기연민을 강화할 수 있다. 눈물을 억제하면 감정과의 접촉은 불가능해진다. 그렇지만 우리가 눈물을 간구하면, 우리의 슬픔과 주님의 슬픔이 하나가 되고 슬픔의 원인과 해결책을 찾아낼 수 있다.

우리 사회는 눈물을 용납하려고 하지 않습니다. 남자의 경우는 더욱 그렇습니다. 진짜 남자는 울지 않는 법이라고, 그것이 진정한 사내의 모습이라고 말합니다. 하지만 우리 주님은 기꺼이 눈물을 흘리셨고, 누구나 그 모습을 지켜보았습니다. 그분의 눈물이 없었다면, 십자가 역시 없었을 것입니다. 바울은 말합니다. "우는 자들과 함께 울라"(롬 12:15).

 함께함의 영성

나무들은 뿌리와 공생하는 균근 균류를 통해서 놀랍도록 미세한 공생 관계를 유지한다는 사실이 밝혀졌습니다. 대개 나무는 우리가 볼 수 있는 부분의 절반 정도의 깊이에, 넓이는 두 배 정도 뿌리를 뻗고 있습니다. 두 그루의 나무뿌리들이 서로 닿게 되면 균근 균류가 나타나기 전까지 우위를 차지하려는 싸움이 계속 일어납니다.

오리곤 주립대학의 자연림 학자인 데이비드 페리는 이런 균류들이 나무 사이의 경쟁을 축소시킬 뿐만 아니라 같은 종자는 물론 서로 다른 것끼리도 뿌리를 연결하는 구실을 한다는 것을 밝혀냈습니다. 페리는 한 가지 실험에서 묘목을 심고 균근이 뿌리를 연결해주는 것을 지켜보았습니다. 묘목 하나에 햇빛을 가리자 그 묘목은 균류를 통해서 햇볕이 잘 드는 곳에 자리 잡은 묘목으로부터 영양분을 공급받았습니다.

페리는 이렇게 말합니다.

"숲은 마치 공동체처럼 서로 연결되어 있다고 할 수 있다. 어떤 나무가 물에, 다른 나무가 자양분에, 그리고 또 다른 나무가 햇빛을 받으면, 모든 나무들이 그것들을 공유할 수 있다."

경쟁은 인간의 사회에만 존재하지 않습니다. 동물, 그리고 식물의 세계에도 경쟁은 존재합니다. 제한된 공간과 자원을 먼저 확보하려다 보니 자연스럽게 경쟁관계가 형성되는 것입니다. 하지만 인간 사회와 달리, 나무의 세계에서는 제한적인 경쟁만 존재합니다. 서로를 파괴하거나 일방적으로 압도하는 것은 불가능합니다. 스스로 생명을 유지할 정도가 되면, 예수님의 겨자씨 비유처럼 온갖 생명체에 자신을 공개합니다(마 13:31-32). 함께 어우러짐의 영성을 다시 한 번 생각하게 합니다.

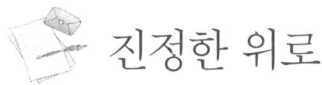 진정한 위로

영국 정치가이자 금융가인 세실 로즈는 자신의 재산을 세계적으로 유명한 로즈 장학재단에 출자하기도 했지만, 정장 차림을 강조할 때는 누구도 예외를 허락하지 않을 정도로 엄격했습니다. 한 젊은이가 로즈의 저녁 초대를 받고 기차로 도착했지만, 시간이 없어서 여행에 찌든 옷 그대로 로즈의 저택으로 향해야 했습니다. 그는 이미 정장 차림으로 모임에 참석한 손님들을 보자 기겁했습니다. 어느 정도 시간이 흐르자 로즈가 초라한 감색 슈트를 걸치고 모습을 나타냈습니다. 젊은이는 나중에야 그 집 주인이 젊은 손님의 곤란한 처지를 감안해서 그런 모습으로 나타났다는 것을 알게

되었습니다.

위로를 뜻하는 라틴어는 콘솔라티오(consolatio)입니다. 글자 그대로 옮기면 '함께 고독을 느낀다'입니다. 고통이나 곤궁에 처한 사람은 어깨를 다독거린다고 해서 큰 위로를 받을 수 없습니다. 위로의 말을 건네도 마찬가지입니다. 홀로 어려움을 겪고 있는 사람에게는 자신과 함께 괴로워하고 슬픔과 고통을 같이 참아낼 사람이 필요합니다(요 13:34). 그때 위로를 받게 되고, 결국에는 어려움을 극복할 수 있는 힘을 얻게 됩니다.

 # 협력하는 믿음

레슬리 플라인(Leslie Flynn)은 자신의 저서 《위대한 교회의 싸움》에서 몹시 추운 캐나다 북쪽 지방에서 사는 가시달린 두 마리 호저가 어떻게 체온을 유지하는지 소개합니다. 추위를 이기려고 함께 붙어있던 호저들은 몸에 난 가시가 서로 찌르기 때문에 떨어집니다. 그리고서는 잠시 뒤에 추위에 몸을 떨던 호저들이 또다시 나란히 몸을 함께 합니다. 비록 가시에 서로 찔리더라도 생존을 위해서 온기를 유지하려면 상대방이 반드시 필요합니다. 플라인은 그리스도인들 역시 이와 크게 다르지 않다고 말합니다. 어떤 경우에도 서로 의지하지 않을 수 없다는 것입니다.

초대교회는 우리의 생각처럼 그렇게 완벽하거나 이상적이지 않았습니다. 내부에는 갈등의 기류가 자주 형성되었습니다. 바울과 바나바 사이의 의견 충돌, 고린도교회의 파벌, 빌립보교회 여인들의 말다툼. 찾으려고 하면 이보다 더 많은 사례를 확인할 수 있습니다. 오늘날의 교회도 마찬가지입니다. 어울려 지내다 보면 어쩔 수 없는 일입니다. 그렇지만 갈등 때문에 영적인 온기까지 사라지게 해서는 안 됩니다. 함께 어려움을 극복해야 합니다(요일 4:12).

# 비난을 피하지 마라

소아마비 백신을 개발한 조너스 솔크(Jonas Salk)는 자신의 독창적인 연구 때문에 의학계로부터 끊임없이 공격에 시달려야 했습니다. 그에게 쏟아지던 비난은 3단계의 순서로 발전했습니다.

처음에 사람들은 설크가 무조건 틀렸다고 주장했습니다. 한마디로 그의 시도는 성공할 수 없다는 것이었습니다.

그리고 어느 정도 성공을 거두게 되자 사람들은 그 일이 별로 대단할 게 없다고 말했습니다.

마침내, 그의 일이 중요하다는 것을 알게 되자 사람들은 그가 해낼 것을 처음부터 알고 있었다고 말했습니다.

　　비난을 피하려고 안으로, 안으로 계속 움츠러들어서는 안 됩니다. 오히려 더욱 적극적으로 자신의 일에 매달려야 합니다. 그리고 정해진 목표를 따라서 묵묵히 제 길을 가야 합니다. 목표가 없으면 실패도 없고, 실패가 없으면 비난도 없습니다. 목표를 향해 나갈 때 당연히 겪어야 할 실패나 비난을 두려워해서는 안 됩니다(수 1:9).

장거리를 대비하라

나이를 잊고 산 사람들은 많았습니다. 우리가 그들에게 관심이 없었을 뿐입니다. 80세라는 고령에도 350만의 이스라엘 사람들을 이집트에서 이끌고 나온 모세가 있습니다. 나이 85세에 "저 산을 나에게 달라"고 기도한 갈렙이 있습니다. 88세의 나이에도 여전히 그림을 그렸던 피카소가 있습니다. 81세에 미국 농무성 장관이 된 조지 워싱턴 카버가 있습니다. 85세에 등사기를 발명한 토마스 에디슨이 있습니다. 그리고 누구보다, 88세에 말을 타고 여행하며 전도하던 존 웨슬리가 있습니다. 웨슬리는 54년 동안 하루 평균 3번의 설교를 했으니 총 44,000회를 한 셈이 됩니다. 그는 이 설교를 위해서 말과 마차를 타고 총 320,000km 이상, 즉 한 해에 8,000km를 여행했습니다. 그는 만년에 영국 감리교회 전체를 떠맡았습니다. 그 일을 감당하려고 새벽 4시에 일어나서 밤 10시까지 꼬박 일에 매달렸습니다. 식사시간은 아주 짧았습니다. 83세의 나이에도 불구하고 그는 안구의 고통 때문에 하루 15시간 이상 글을 쓰지 못하는 것을 안타까워했습니다. 86세가 되었지만 하루 2회 이상 설교할 기력이 없음을 인정하려 들지 않았고, 한가한 시간이 늘어서 새벽 5시까지 잠자리에 있게 된 것도 못마땅하게 여겼습니다.

생활환경과 의학의 발전 때문에 평균 수명이 늘어갑니다. 의학적으로는 120세까지 생존을 기대하는 게 그다지 무리가 아니라고 합니다. 나이를 먹어도 성취해야 할 이상을 갖고 있는 이들은 젊은이입니다. 우리의 삶은 단거리가 아니라 장거리 달리기 시합입니다. 잠시, 지금까지의 삶을 돌아보고 앞으로의 삶을 단단히 설계해야 합니다(나 3:14).

 시간이 문제

킹 제임스 버전(KJV), 즉 제임스 왕 역(흠정역) 성경은 1611년에 처음으로 출판되었습니다. 런던의 어느 신부는 혹평을 퍼부었습니다.

"어제의 신문을 보는 기분이고, 그리스도의 신성과 메시아성을 부정하고 있다."

또 다른 신부 역시 비평의 대열에 합류했습니다.

"제임스 왕의 마법에 대한 관심에 영합한 번역에 지나지 않는다."

1620년, 청교도들은 신대륙을 향해서 출발하면서 그 성경을 일부러 가져가지 않았습니다.

성경 중의 성경이라고 극찬을 받았고, 영국인들이 무엇보다 자랑스럽게 생각하는 제임스 왕 역 성경 역시 처음부터 모두에게 사랑을 받지는 못했습니다. 시간이 흐르고, 세월이 지나면서 그 성경의 진가를 누구나 인정하게 된 것입니다. 이런 사례는 우리의 삶에서 아주 흔합니다. 자신의 능력과 재주를 인정받지 못한다고 해서 안타까워하거나 우울해 할 필요가 없습니다. 진정한 실력은 반드시 드러나기 마련입니다(시 139:1).

기독교를 변증하라

어째서 내게 편지를 기대하십니까? 기독교가 무엇인지 스스로 확인하는 게 그리 어렵습니까? 당신은 시간을 들여서 전기 용어를 익혔습니다. 신학은 왜 그러지 않습니까? 어느 교회사 책이든 읽기만 하면 근원을 알 수 있는 교회의 용어들을 어째서 곰팡이 핀 이설로 받아들이십니까? 삼위일체 교리는 피하면서 어째서 아인슈타인이 $E=mc^2$라고 말하는 것은 맥없이 인정하십니까? 나는 당신이 신학을 많이 몰라도 기독교를 믿는 데 어려움이 없다고 생각합니다. 당신이 자동차 내부에서 일어나는 연소를 몰라도 차를 몰 수 있는 것과 같습니다. 그러나 어떤 일로 차가 멎으면 그것의 작동을 아는 사람을 겸손하게 찾아갑니다. 종교에 문제가 생기면 당신은 그것을 거들떠보지 않고 신학자는 거짓말쟁이라고 말합니다. 당신은 어째서 내게 편지를 기대하십니까? 당신은 내가 당신에게 개인적인 견해를 밝히는지 아니면 기독교의 교리를 제시하는지 전혀 개의치 않을 겁니다. 가서 직접 무엇이든 하고 내게 알려주십시오.

한 과학자가 작가 도로시 세이어즈(Dorothy Sayers)에게 신앙의 이유를 과학 단체에 해명해 달라는 요청에 대한 답변입니다. 세이어즈는 형식적인 논리로 기독교 신앙을 비난하고 공격하는 건조한 지성의 한계를 아주 명확하게 지적합니다. 그녀는 기독교의 신앙은 그 무엇보다 흥미진진하지만, 그것을 직접 접하지 않으면 제대로 알 수 없다고 말합니다. 신앙을 자랑하십시오(딤후 4:2). 그것을 비난하는 것은 신앙을 자랑하는 당사자가 아니라 비난하는 이가 해결할 몫입니다.

 기회는 온다

홈런왕 베이비 루스는 통산 714개의 홈런을 쳤습니다. 하지만 그는 그만큼의 홈런을 치기 위해서 1,330번 삼진 아웃을 당했습니다. 그는 자신의 기록이 슬럼프에 빠져도 결코 조급해하지 않았습니다. 그는 어떤 경우에도 계속해서 웃음을 지어보이면서 야구 방망이를 휘둘렀습니다. 성적이 바닥을 헤매고 있을 때 기자가 다가와서 물었습니다.

"이런 상황에서도 어떻게 낙담을 하지 않는 겁니까?"

그러자 베이비 루스가 대답했습니다.

"계속해서 방망이를 휘두르기만 하면 평균 타율 법칙에 의

해서 회복된다는 것을 깨달았기 때문입니다. 사실 내가 슬럼프에 빠질 때는 투수에게 미안한 생각이 들기도 합니다. 얼마 지나지 않아서 그에 대한 값을 치러야 하니 말입니다."

기회는 찾아오기 마련입니다. 기회를 잡느냐, 그렇지 못하느냐는 전적으로 스스로에게 달려 있습니다. 기회의 순간이 다가온다는 것을 믿고, 영적으로 깨어 준비할 때 반드시 기대하는 결과를 손에 넣게 됩니다. 인생의 바닥을 헤매던 모세가 출애굽의 영웅이 될 수 있었던 것도 그런 믿음과 영적 관심을 놓지 않았기 때문이었습니다(히 11:27). 기회가 다가오고 있습니다.

 꿈을 이루는 단계

리더십의 대가 존 맥스웰(John Maxwell)은 꿈을 이루는 5단계를 이렇게 설명합니다.

첫째, 사고의 단계. 이 단계는 "그것이 가능할까? 어쩌면 그것은 나를 위한 것일지도 몰라. 만일 내가 그것을 한다면 무슨 일이 생길까?"하고 생각하는 단계입니다.

둘째, 표현의 단계. 우리가 가진 꿈과 하나님이 주신 비전을 생각하면서 그 꿈을 이야기하고 그 꿈이 실현되고 난 이후의 자기 모습을 그려보는 단계입니다. 이 두 단계는 누구나 경험하는 단계입니다.

셋째, 구매의 단계. 이 셋째 단계에서 꿈을 이루는 사람과 그렇지 않은 사람이 결정된다고 합니다. 성공적인 사람은 여기서 꿈을 구입합니다. 그렇지 못한 사람은 불가능하다고 생각하고 지레 포기합니다.

넷째, 추구의 단계. 꿈에 전폭적으로 사로잡히게 되는 단계입니다.

그리고 다섯째, 획득의 단계. 꿈이 이루어지고 행복을 만끽하는 단계입니다.

성경에 등장하는 인물들을 보면 대체로 맥스웰이 제시하는 꿈을 이루는 단계를 따르고 있다는 것을 알 수 있습니다. 노아가 그랬고, 아브라함이 그랬고, 이삭이 그랬고, 요셉이 그랬고, 모세가 그랬습니다. 우리에게는 그 이외에도 구름같이 둘러싼 허다한 증인들이 여럿입니다(히 12:1).

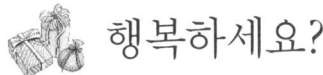 행복하세요?

버락 오바마 대통령이 애독하는 작가 중의 한 사람인 랄프 에머슨(Ralph Emerson)은 행복을 이렇게 정의합니다.

자주 그리고 많이 웃는 것. 지혜로운 이들의 존경을 받고 어린이들의 사랑을 받는 것. 정직한 비평가의 평가를 받는 것. 믿었던 동료의 배신을 잘 견디는 것. 아름다움을 감사하는 여유를 갖는 것. 다른 이의 장점을 발견하는 것. 건강한 자녀나 아름다운 정원을 돌보는 것. 세상을 조금 더 괜찮은 곳으로 만들어 놓고 떠나는 것. 한때 이곳에 살았기 때문에 단 한 명이라도 삶이 행복해졌다면, 그것이야 말로 진정한 성공이다.

아홉 가지의 정의들 가운데 몇이나 자신의 삶과 일치하는지요? 그리고 지금, 행복하세요?(시 4:7)

긍정하라

찰스 린드버그(Charles Lindbergh)는 누구도 꿈꾸지 못한 대단한 일을 해냈습니다. 비행기를 타고 대서양을 횡단하자 그 소식을 접한 사람들마다 깜짝 놀랐습니다. 그가 미국을 거쳐 캐나다와 뉴펀들랜드 상공을 통과할 때 혹시 문제가 생기면 비상 착륙할 곳이 있는지 아래를 살펴본 적이 있다고 합니다. 그러나 보이는 것이라고는 오로지 대서양뿐이었습니다. 린드버그는 생각을 고쳐먹어야 했습니다.

"바로 그때 나는 되돌아갈 수 없다는 사실을 깨달았다. 착륙할 곳이 없었기 때문이다."

죽고자 한다면 반드시 산다는 말이 있습니다. 있는 힘을 다하다 보면 불가능할 것 같은 순간까지 넉넉히 극복할 수 있습니다. 하나님은 우리에게 놀라운 잠재력을 이미 주셨습니다(시 18:1). 부정적인 생각과 비난 때문에 잠재력을 제한해서는 안 됩니다. 1920년대의 펠프스로 지금껏 존경을 받고 있는 조니 와이즈뮬러는 50개의 신기록을 보유한 당대 최고의 수영선수였습니다. 하지만 요즘에는 13살짜리 소녀들도 대회 때마다 그의 기록을 갱신하고 있습니다. 우리는 그리스도 안에서 자신의 능력을 선포해야 합니다.

 세상을 본받지 말라

미국의 신학자이며 탁월한 목회자였던 해리 아이언사이드(Harry Ironside)가 소개한 일화입니다. 소년들이 홍방울새 새끼 두 마리를 잡았습니다. 소년들은 이 새들에게 노래하는 법을 가르치려고 조그만 새장에 넣어서 애완용 카나리아 새장 옆에 매달았습니다. 카나리아의 아름다운 노래 소리를 아는 소년들은 홍방울새를 가까이 두면 따라서 아름다운 소리를 내게 될 것이라고 생각했습니다. 몇 주가 지나도 별다른 효과가 없었습니다. 그러던 어느 날 소년들은 카나리아의 새장에서 들리는 이상한 소리에 깜짝 놀랐습니다. 카나리아가 홍방울새처럼 울고 있었습니다.

세상 사람들과 함께 생활해야 하는 그리스도인들 역시 비슷한 위험을 겪을 수 있습니다. 그리스도인이라고 해서 따로 분리되어 살 수 없기 때문입니다. 심할 경우에는 그들과 동일한 수준으로 전락할 수도 있습니다. 주님은 우리가 악에 빠지지 않기를 위해서 기도하셨습니다(요 17:15). 세상에서 지내되, 그것에 속하지 않는 것이 우리의 본분입니다.

겸손하게 한계를 인정할 때 하나님은 진정한 지혜로 인도하십니다

삶을 변화시키는 소울 카페

초판1쇄 발행 2010.06.10

지은이	유재덕
발행인	방주석
책임편집	설규식
영업책임	곽기태
디자인	황은경

발행처	베드로서원
주소	서울 서대문구 충정로 2가 157 사조빌딩 213호
전화	02-333-7316
팩스	02-333-7317
웹사이트	www.peterhouse.co.kr
e-mail	peterhouse@paran.com

출판등록 2010년 1월 18일(제59호) / 창립일(1988.6.3)

ISBN 978-89-7419-280-8 03230
책값 뒷표지에 있습니다

ⓒ 유재덕, 2010

베드로서원은 기독교문화 창달을 위해 좋은 책 만들기에 힘쓰고 있습니다.